筆跡心理學

Graphology

兩性關係的秘密

林婉雯 著

序

談到兩性關係，大家通常會將重點放在「另一半」的身上，從筆跡中，我看到過不同人對感情關係的處理方法，但都離不開對未來日子的憧憬，渴望另一半與自己匹配，執手同行。只是在現實中，往往是有人歡喜，有人垂淚，也有人選擇獨樂，背後各有因由，不過重點依然在一個「愛」字。你愛自己嗎？「愛自己」是一個自我價值的感知，只有懂得愛自己的人，才能明白如何去愛，以及如何維持一段健康的感情關係。所以書的第一部分，讓你先從自身出發，通過筆跡分析的方法，更深入地了解你對自己的看法，當然這個「你」並不是單一的個體，原生家庭及父母在兩性關係上的影響力，全都隱藏在字裡行間，絕對不容忽視。

筆跡心理分析，除了是通過一筆一畫的線條，讓我們更清楚了解自己的性格特質，更重要的是通過分析的技巧，

促進人與人之間的溝通，尤其在兩性關係上。從如何與心儀對象結緣，到進入細水長流的日子，當中所經歷的順境與逆境，我們都能透過認識書寫線條背後的意義，更正向地面對。

談到情說起愛，或許你總有聽過：「一生人之中總會愛過人渣」這句名言，所以本書亦以筆跡心理分析的方式，解構一下此等「不健康」的感情關係。究竟這些危險情人的筆跡會有哪些特點？字裡又能否「藏姦」？單靠筆跡是否可以看到一個人出軌的傾向？反觀一個可被信任且承諾感較高的人的筆跡又有哪些特點？

其實，無論你正面對著怎樣的關係？都需謹記，人生來就是獨立的個體，在人際關係上，我們無法改變他人，但卻有足夠的能力，以自己喜歡的態度去面對，境隨心轉，是生活和相處的真理。

本書得以順利完成，特別要多謝所有無條件提供手稿的朋友，與協助設計筆跡圖片的助手們，因為筆跡心理分析，是循證實踐的過程，這些手稿正好作出了貼切的示範，讓大家可以更深入地理解筆跡心理分析在各方面的應用，在此再次感謝提供手稿作示範的朋友。

此外，要多謝我的學生及各方友好的協助，也要鳴謝《橙新聞》的支持及各大傳媒的關注，以及香港三聯各部門同事的協助，讓本書順利出版。

林婉雯

2023 年 6 月寫於香港

目錄

第五章　不忠的痕跡

兩性關係：
從認識自己開始

第 1 章

愛是……

兩性關係中離不開「愛」這個話題，談到愛，人們通常會直接聯想到戀愛與婚姻，這些人生中重要的課題。在我過往處理的筆跡分析個案之中，與戀愛和婚姻相關的為數不少，當中有追求心上人與維繫二人關係所帶來的幸福與喜樂，也有人愁眉苦臉，希望通過筆跡分析去解憂，只是「愛」就是如此嗎？

無論是追尋愛所帶來的喜悅，或是梳理愛情上的煩憂，在筆跡分析的概念上，問題的根源在於成長中的各種經歷，以及人與人之間的交流。因為成長的經歷不同，所以會有不同的行為與態度，就算是面對相同的事件，各人的反應

與看法亦不會相同，人生的閱歷影響的不只是個人的行為態度，更重要的是如何表達愛。

那麼，究竟什麼是「愛」？在心理學研究中獲得不少獎項，同時被評為 20 世紀最傑出的心理學家之一的美國發展心理學權威羅伯特・史坦伯格（Robert J. Sternberg）教授對於「愛」有深入的研究，他認為愛是一個故事，這個故事的作者正是自己，所有的情感關係，都建基於我們對情感關係的看法，即是我們是自己生活的導演，劇本如何發展，是喜劇、溫情、浪漫、催淚或商業等都由自己決定，在不同的生活情景中，由自己執導與選角，究竟讓什麼故事、人物，在生命中如何泛起漣漪，取決於我們採取哪種態度去面對，而貫穿整個故事的情節，就是愛的表達，在人生的不同階段中，人會用不同的方式表達愛。

在古希臘的哲學上，有 8 個形容愛的希臘詞語：「Agape」、「Eros」、「Ludus」、「Mania」、「Philautia」、「Philia」、「Pragma」、「Storage」。

I. Agape：相信不少朋友對 Agape 這個字有些印象，可能是在婚禮中見過。Agape 其實代表無條件、無

私的愛，所謂無條件的愛是憑著同理心、慈悲、接納、恕與相信的大愛，在宗教上，被認為是神對人的愛。

2. Eros：在感官渴望下，所產生對肉體的激情與愛。

3. Ludus：通常指以玩樂形式維持、無拘無束的愛情關係，在這樣的關係中，最重要的是享受浪漫與激情，不過這種愛只流於表面，因為愛所帶來的承諾與責任，並不在雙方的考慮之列。

4. Mania：指在一段關係中，因為極度渴望被愛與關注，甚至因害怕失去對方而產生強烈的不安、焦慮、猜疑與嫉妒等各種不穩定的感情。

5. Philautia：指在個人身、心、靈的平衡下，所產生的自愛，是自尊感與自我價值的顯現，只有真正愛自己、懂得去愛的人，才能好好與他人相處，但如果過分愛自己，或會變得自戀，過度自我沉醉，會變得自高自大，行為傲慢。

6. Philia：指友情的愛，是人際關係的基本，體現在平等、忠誠與互相支持的關係中。

7. Pragma：一種成熟、穩定的愛情模式，雙方有著共同的價值觀，責任感與承諾，亦需要互相尊重，只有這樣才能為雙方帶來長久的安逸與愉悅。

8. Storage：指在家庭關係中，父母與子女或兄弟姊妹之間最自然的情感表達體驗，這是最真摯的親情，一般不需要太多的言語表達，各家庭成員有著心領神會的默契，在互相支持與鼓勵下，建立安全感與幸福感。

從上述所見，愛並不是單指愛情，愛情只是生命中的其中一部分，對愛情不同的態度，衍生不同的行為，是對是錯，還原基本步，是取決於你有多愛自己，任何關係的建立，無論是友情、愛情還是親情，都源於自我與他人之間的關係，這需要我們接納自己的不足，無人是完美的，接納與面對讓我們建立自尊感，明白自己的價值，並融入人際關係之中，不過要達到 Philautia，即在身、心、靈上取得平衡，並顯現出愛自己的自我價值，一點也不容易。

從字裡行間分析，字呈圓形的人既需要愛也能談愛，不過這與懂得愛還有一段距離。對於小時候練習寫英文字母的練習簿，大多數人都只將它當做學習和熟悉字母線條組合並建立寫字習慣的工具，有多少人會知道，字母線條的背後有著更深的意義？

有看我過往作品的朋友，相信會對以下字母的區域劃分有所認識。在筆跡分析中，通常會將字母劃分為上區域、中區域與下區域 3 個部分，這 3 個部分的其中一個含義，是我們的身、心、靈：「身」是身體，生理上的各項結構，

英文字母上、中、下 3 個區域的比例為 1:1:1

對應著字母的下區域;「心」是心理狀態,對應著中區域,情感的感知、思考與認知等各項活動;「靈」是指與個人精神層面相關的一切,對應著上區域,例如:智慧、價值觀以及信仰等。如果英文字母上、中、下 3 個區域的比例是 1:1:1,代表書寫者達到了身、心、靈的完美平衡,即生理、心理與精神上的平衡,這與剛才談到希臘文 Philautia 的「自愛」如出一轍。由執筆寫字的一刻開始,筆跡就在告訴我們要學習愛自己,這個重要的訊息你收到了嗎?請記著:「愛」由愛自己開始。

知己知彼，
分析你的自尊感

在上一篇我提到一個人對愛情的態度，取決於對自己的愛，這主要關乎個人的自尊感，所謂的自尊感，是對自我價值的感知與對自身主觀的評價，這涉及了個人的情緒狀態，與在外在環境影響下，所產生對自己正面或負面的想法與評價。自尊感包含了對自己的外貌、能力、成就、人際關係等等各方面的看法，當一個人擁有高自尊感的時候，通常較有自信與安全感，也相信自己有足夠能力去處理困難與挑戰；在人際關係上，較易理解他人的需要與感受，更容易建立良好的人際關係；在愛情關係上，既有足夠能力表達自己的想法，也能聆聽與理解他人的感受，這些互動的溝通方式，有利於維持健康的感情關係。

自尊感較高的人通常較自信，只是不少人會混淆自尊感較高與自尊心較強這兩種性格特質，其實這兩個概念是完全不同的，自尊感高是一種心理上的感受，而自尊心強則反映在一個人的行為表現上，自尊心很強的人通常很在意他人對自己的看法，正因為如此，這類人較容易做出一些以自我為中心的行為，為的是保護自己的形象、名譽、地位等，這種內在想法和自負、自吹自擂、不屑討人歡心的行為，讓這類人很難建立人際關係，更遑論愛情關係。

談到自尊心，我想到了美國前總統特朗普（Donald Trump）的手寫字與簽名。簽名所表達的是個人的形象與理想，有些人表裡如一，形象與真實的自己並無多大的分別，但對有些人而言，形象就是外表包裝，私隱才是最重要的。

為何自尊心會與特朗普扯上關係？相信不少朋友已從媒體上多次看過他的演出，特朗普從 2004 年開始主持為公司挑選接班人的真人秀，直至他參選總統為止，其後他擔任總統一職直到 2021 年。特朗普長期在媒體上曝光，媒體曾報道過他的各種言論，例如在登上總統之位後，多次與幕僚不咬弦，多番強調自己的成就與能力等等，這些在公眾眼中具爭議性的行為表現，似乎與上述所談到的「自尊」

有所關連，所以借他的字來解釋一下「自尊」。

在網絡上，有不少特朗普手稿的資料，這些手稿的特色分別並不大，就以右方照片為例，我們較容易看到的，是他喜歡用大階英文字母去寫字，但只要大家細心留意，就會發現當中藏了細楷英文字母；此外，他的字比較大，以英文字母的 3 個區域來分析，他的字集中在中區域，而且字母是緊貼在一起的，不過並不相連；再看他的簽名，在前、中、後的位置上，有一些異常高聳的垂直筆畫，這些筆畫完完全全地表現出他是一位強烈地以自我為中心的人，因為大楷、集中的中區域、緊密相連的字母，正正表達出「我的想法與行為，就是正道」。大楷英文字母給予他更多力量與自信心，而隱藏著的細楷字母，則是刻意地讓別人知道他的權力、地位與自信，那是自尊心作怪，所以在簽名上，有一筆特別長的筆畫，那代表著他保護著真正的自己。

至於我想到的另一個手稿，是英國哈利王子的太太梅根（Meghan, Duchess of Sussex）的手稿，礙於版權問題，無法在本書中加入她的手稿，但因為梅根所寫的字與她的簽名形態頗為相似，所以現以她的簽名作解說。看過梅根的簽

美國前總統特朗普在復活節期間給士兵寫信，信中可見其筆跡。

（圖片來源：https://upload.wikimedia.org/wikipedia/commons/5/56/Donald_Trump_writes_letter_to_a_soldier_during_Easter_egg_roll_%2834224812752%29.jpg）

名就不難發現，她的簽名與特朗普的簽名有一些共同之處，例如兩者都有特別長的筆畫，只是梅根所寫的字，形態是往上或下延伸，尤其是在第一個字母上；至於其他字母，由於上區域及下區域特別長，所以中區域就顯得特別細小，而大楷字母的筆畫就寫得特別誇張，例如大楷「M」字。這一切都暗示了她脆弱的自尊感與強大的自尊心，以及對外界批評的敏感，於是她要在寫字時加點力度，保護自己，所以我們會看到後加在頂部如蓋般的筆畫，這並不是「M」字原來的筆畫。

梅根在未結婚前，曾以演員身份在雜誌上寫過專欄，其中一篇文章談及，在她大概 8、9 歲的時候，有次上英文課時要填一份問卷，問卷的其中一項是選擇自己的種族，她父親是歐裔美國人，母親是非裔美國人，她知道自己是美國人，但對於選擇種族的答案則有點困難，老師告訴她，從她的外表看來，她就是白種人，最終她並沒有寫下任何答案，因為在她的心裡，對於自己的外表與身份，還是有一點在意，負面的感覺依然留在心中，文中她更談到自己的外表，既不是「黑」，也不是「白」，這樣的外表亦成為了她演藝生涯上的一個障礙。身處自己成長的國家，她已經有這樣的想法，那不難想像在遠嫁到英國皇室後，她內心的那一根刺和往後與家庭成員之間的相處問題。

<u>梅根簽名</u>
（圖片來源：https://upload.wikimedia.org/wikipedia/commons/e/e0/
Meghan_Markle_%28signature%29.png?uselang=zh-tw）

美國密歇根州奧克蘭大學心理學系的研究團隊，曾對自尊感與愛情的關係作出深入研究，研究對象是約 600 位正在美國就讀心理學的學生，研究報告指出，擁有良好自尊感的人態度正面，不需要他人的認同也能清楚知道自己的價值，在愛情關係上一般較開心，安全感也較高；還有一種人是自尊感頗高，但欠缺安全感，這類人與自尊感較低的人，在愛情關係上的表現並無太大分別，因為害怕被拒絕與被傷害，所以很少會全心投入。

我曾在上一篇談及古希臘哲學將愛分為 8 個類別，奧克蘭大學的研究亦從自尊感的角度，探明這 8 個類別之間的關係，結果是這樣的：擁有穩定與較高自尊感的人，傾向更投入於更親密與深入的感情關係，因為他們希望從這段關係中，感受到親密感、熱情、友愛與信任，並以此感受到自我的價值，這正是 Eros 與 Storage 的愛，是浪漫激情與真摯情感所帶來的愛情幸福感。

至於自尊感不穩定的人，研究發現與 Mania 有關，由於個人自尊感的不穩定，這類人更加渴望找到愛情，他們傾向不惜一切地追求心上人，為的只是脫離單身與寂寞的生活，並希望從伴侶身上找到自己應有的價值。

研究團隊在自尊感不穩定的女性身上更發現，這類女性多是抱著玩樂的心態去愛，即 Ludus，玩樂的狀態讓她們有足夠的自由度去尋找潛在伴侶，並在尋找的過程中，獲得伴隨而來的個人利益，或許這就是近年人們常說的「收兵」，當她們在「收兵」的過程中找到自我存在的價值，才會停下來尋求安穩。

那麼男性又如何？原來自尊感較低的男生比較實際，研究報告說那是 Pragma 的愛，即穩定而成熟的愛情，是有責任與承諾的關係，愛情對他們來說，可說是一張特定的清單，清單上列有對伴侶的要求，只要他面前的人與他所列的條件相符便可結婚，這樣理性的態度，可避免脆弱的心靈受到不必要的情感傷害，反正條件相符，一起生活應該不是大問題。

看到這裡，大家是否有想過衡量自己或伴侶的自尊感？在心理學的範疇上，當然有不少量表可以量度一個人的自尊感，只是這些量表較常用於學術研究，若遇上心儀的另一半，在關係開始前，要他填一份量表，似乎有些可笑，那倒不如從筆跡上觀察。

要從筆跡分析自尊感，需要考慮的事情有很多，因為每一個性格或行為特質的出現，總有千絲萬縷的原因，一份專業的筆跡分析，目的並不是找出書寫者有哪些特質，而是要拆解緣由，以解決那些重複遇上，又看似處理不到的困難。以下我會介紹一些簡單的方法，讓大家能掌握簡單的概念，了解自己與伴侶。

剛才我在特朗普的案例上，說到在大部分大楷字母中，隱藏了一些細楷字母，未知大家找到了嗎？其實，我想說的是英文字母「I」，「I」字的地位十分重要，因為它代表「我」，筆畫看似簡單，但意義深遠，除了體現出「我」與父母的關係外，中間垂直的部分也表達著一個人的自尊感。這個表達「我」的「I」字，向來都是被獨立使用的，展現了「我」生來就是獨立的個體，自己的事自己做，談不上依靠他人，再說使用「I」字時，往往是用大楷，暗示了在外在環境下，所展示的社交抱負，走在人群面前，要勇敢地被看見，那才是自信，而大楷的英文字母，也表達了力量與支持，所以較正規，如練習簿中的「I」字寫法，正正表示了良好的自尊感。不過在現實中，人們的「I」字寫法各不相同，有的如數字，有些更用了細楷，這些形態暗示了較弱的自尊感，因此在寫「I」字的時候，

謹記要用大楷，也要多加練習，一段時間後，自然會感受到不一樣的自己。

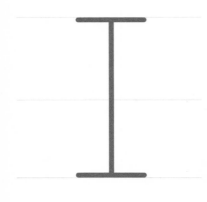

大楷字母「I」，體現出書寫者的自信。

看似數字的字母「I」

原生家庭，
愛的基礎

談過了自尊感在情感關係上的重要性與影響，不得不分享一下，不同程度與類別的自尊感，其實是源自於原生家庭的影響。所謂的原生家庭是指每個人在成長期間，在家庭環境中與各成員之間的互動、情感上的交流，與親密的關係等，這塑造著我們的行為模式、價值觀等各項性格特質，有說一家人總有相近的性格，那是血脈相連的遺傳，這個說法在某程度上也許是對的，在此我想與大家分享一個真實的例子。

有一次，一位對筆跡分析略有認識的 30 多歲男生，寫了數篇手稿給我，他也帶來了以往在不同時期所寫的字，希

望可以得到專業的分析，以解決他在尋覓另一半時遇到的問題。不過，他交來的原手稿與其他客人所交來的有點不同，他把手稿裝在一個兩吋厚的文件夾中，文件夾的右邊，有清楚的分類標籤，看到這樣整齊的文件夾，最初我還以為在文件夾內的手稿是按不同時期作區分，收下這個文件夾後，我告訴他我會在完成分析後約他面談，但他卻露出一副誠懇又看似裹足不前的樣子，我問他：「有其他事找我嗎？」他尷尬地說：「在你做分析之前，我希望向你解釋一下這份文件夾。」

原來在文件夾內，除了有他寫的字，也有他父母、祖父母與弟弟的字，他告訴我，家中所有人都對他疼愛有加，可是他近年才發現自己並不是媽媽的親生兒子，只有弟弟才是。他覺得很奇怪，因為一直以來，他認為自己長得最像媽媽，但原來與媽媽並沒有血緣關係，他也曾直接問過父親，然後父親以輕鬆的態度告訴他這沒什麼大不了，生理上雖然他並不是媽媽的親生兒子，但多年來都是父母、家人所寵愛的孩子，所以並沒有任何分別。不過這個問題在男生的心中留下了一根刺，他甚至認為這也許是尋找另一半失敗的其中一個原因，於是他收集家中各人的手寫字，一同帶來給我作分析。

看過他交來的字，我發現這名男生所寫的字有不少線條的形態，區域比例與空間使用與他媽媽的字最為相近，與父親及弟弟所寫的，在某些筆畫上亦頗相似，總的來說，就是一家人的字，而且是有愛的一家人，為何會這樣說呢？就以簽名為例，在我們為自己設計第一個簽名時，是完全憑空想像，或是看過某人的簽名，認為特別吸引，就以此為基礎去設計自己的簽名？從我過往所收集的資料中可見，大多數人會選擇後者。筆畫線條從來都是獨立的個體，只是加入了不同的個人情感後，就會產生不同程度的吸引力，這種吸引來自個人對書寫者的感覺，喜歡這個人，喜歡他在你面前所展現的性格特質，在無意之間認為他的一切，甚至是他寫下的一筆一畫都是好的，於是在潛意識的推動之下，先是模仿，然後再讓它成為自己筆跡的一部分。就以男生的個案為例，孩子崇拜父母是很正常的事情，因為在教養互動的過程中，孩子學習了家人的行為態度，甚至思考模式，姑勿論孩子長大後是否還認同這套模式，在多年共同生活的日子裡，或多或少都會有些相似，為人父母的看著自己的孩子，必定有一番感受，既然性格特質一直在相處之間互相影響著，自然也會反映在筆跡線條上，所以家庭成員之間的筆跡有機會相近，尤其是關係特別好的家庭。

人的性格從來都是很複雜的,基因是其一原因,因為基因或會影響我們對情緒的反應、認知能力及社交行為,例如外向、內向等等。除了基因問題外,影響這名男生的還有成長環境的影響,尤其是家庭成員之間的互動,因為在年紀輕的日子,一天 24 小時除了上學以外,就是與家人相處,回到學校,就是與老師及同學的交往,所以影響他性格的原因千絲萬縷,難以拆解。

那麼,這名男生的原生家庭背景是否真的影響了他與潛在伴侶的交往?著名精神分析學創始人西格蒙德‧佛洛伊德(Sigmund Freud)認為,童年的經歷,尤其是 6 歲之前的經歷,會為人格發展奠定基礎,並影響日後的成長。佛洛伊德將 6 歲前的個人心性發展,分為 5 個不同的階段,每個階段有不同的需要與學習的事項,需要得到順利的發展,否則孩子的成長便不會進入下一個階段。例如出生的最初兩年,屬於口腔期,這個時期的孩子特別喜歡用口去感受,只要隨意伸手觸碰到物件,便塞進口中吮吸或咬,佛洛伊德認為這個時期的孩子,會通過口腔獲得「性滿足感」,如果孩子得不到足夠的滿足感,就算是隨年齡漸長,也會退回到口腔期,即是在長大後出現口腔期的行為特徵,例如特別喜歡吃口香糖、思考時咬手指等等,又或

是有無助、依賴他人的狀況，也很可能源於口腔期的發展不良。

口腔期後，便是肛門期，佛洛伊德認為，這個時期的孩子開始了自我體驗的學習，會感受從排泄行為所得到的快感。這個時期父母應引導與處理孩子的排泄行為，這些互動讓孩子學習何謂「控制」，若處理不當，孩子在長大後多會出現與「控制」相關的行為，較典型的如儲物狂，這是對物件的控制，又如宅男／宅女的行為，待在家中，不

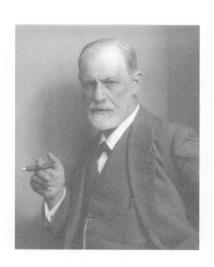

精神分析學創始人西格蒙德·佛洛伊德
（圖片來源：https://commons.
wikimedia.org/wiki/File:Sigmund_Freud_by_
Max_Halberstadt_(cropped).jpg）

與外界接觸，這是對自我的控制。這些想法自然會對社交造成影響，更遑論兩性關係的建立。

至於 3 至 5 歲之間，屬於戀父或戀母的階段，這個階段處理不好，便會出現戀父或戀母的情意結，影響日後兩性關係的建立與對伴侶的要求，這會在下一篇詳細說明。

父母
的影響力

上一篇談到佛洛伊德提出，兒童在 3 至 5 歲之間與父母建立關係的模式，影響著戀父或戀母情意結的出現，這些情意結在兩性關係上有重要而長久的意義。

根據佛洛伊德的理論，兒童在 3 至 5 歲會開始認知男女的分別，一般而言，男童會愛母親，並以父親為對手，於是會模仿父親的性格、行為，希望得到母親的愛。在與父親競爭母親的愛時，男童是活在焦慮與惶恐之中的，因為男童會想像父親為了得到母親的愛，可能將他「去勢」。同理，女童會與母親競爭父親的愛，所以也會做出相似的行為，有同樣的反應。

今時今日這樣的理論可能被不少人懷疑，畢竟科學研究也未能量化這個概念，孩童真是那樣想的嗎？不過，不少對精神分析學有深入研究的科學家認為，這個時期的孩子，無論是男孩或女孩，大多會依戀母親，因為孩子在大部分時間都由母親照顧，母親能給予孩子所需的一切，在孩子的眼中，母親就是全世界的中心，這段「愛的關係」是無法被取代的。不過孩子在這個年紀，也需要學習聽話、與人交往，和明白不能完全佔有母親，同時要學懂面對與自己競爭母親的「對手」，這可能是母親的工作、興趣、朋友，甚至父親，當中可能產生愛恨交織、嫉妒、羨慕等不同情緒，問題是孩子能否將自己的情感轉移投放在其他人或事上，並學懂放開那「黏著」母親的手，未能完全成功的，就會形成佛洛伊德所說的戀父或戀母情意結。

這種情意結對兩性關係又有何影響呢？戀父或戀母，其實都關乎性別的分類和兩性的相處，孩子需要學習找到自己在關係中的定位。有過戀愛經驗的朋友都明白，要放下一段感情並不容易，當中經歷的情緒起伏，如過山車般起起落落，混亂的情緒也需要一些時間去修復。對於孩子而言，要學習放下那「黏著」母親的愛，和放下那以自己為中心被愛的感覺，可說是經歷人生中第一次「分手」，「分

手」產生的困惑，有機會讓孩子難以分辨自己在感情上的需求，就如佛洛伊德所說的「戀」，究竟是親情、友情或是愛情？又或是對自己是否值得被愛的疑問？再說，那種「黏著」的情感，也可能形成在人際關係中的依賴；或是在某一類人出現以後，便覺得自己得到依靠；而在沒有任何人可讓他依靠的時候，便不懂得如何處理與異性的關係，這些都是戀父或戀母情意結所帶來的兩性社交問題。

根據我過往的筆跡分析經驗，人際關係可說是最熱門的話題，例如找不到另一半、兩性關係中遇到的困難等等。從筆跡上看，不少問題都源自小時候與父母的關係。在家庭關係中，除了孩子便是父母，工餘、課餘就是一家人相處的時間，在人際關係或男女情感的處理上，父母就是孩子最佳的學習對象，孩子通過觀察父母相處的過程和行為，學習伴侶之間的尊重、關心、溝通和地位上的平等等。因此，父母在有意或無意之間，就成為了孩子學習處理兩性關係的模範，所以我們偶爾或會聽到一些人說打算單身一輩子，為的就是不想重蹈父母的覆轍。

與以上說法較類似的例子，是有些人在熱戀期過後，總會被另一半投訴他給人「忽冷忽熱」的感覺，面對這樣的指

控，或許被投訴的一方沒法找到解釋，但身體行為往往是最真實的。這其實是未完全處理好的戀母／戀父情意結所遺下的問題，會避免在一段關係中全心投入感情的人，在筆跡上，英文字母中區域的比例會顯得特別大，而中文字的長闊比例則比較相近，字特別小，字與字之間的距離特別闊，寫這種字的人在感情關係上，會盡量避免將自己的感情完全投入在一段關係中，因為在他們的眼中，父母的關係並不親近，雖然走到了一起，但疏離的互動，在他們的心中設下了一個不遠亦不近的邊界。

相比以上情況，也有另一類人，他們很愛與另一半相處，喜歡親密的感情關係，也愛為另一半安排一切，除了接送，也會為伴侶安排日程。這樣親近的關係在外人眼中看來不錯，但在現實中，另一半卻感受不到愛，只覺得對方事事管束，並不了解自己真正所需，在情感的交流上欠缺互動，表面上，這些個案看似是被動一方的問題，但真正的問題卻在主動安排的一方，原因為何？

如之前所述，如果原生家庭中父母的關係不和諧，子女便無法從父母身上看到愛應如何表達，若曾見過父母互相嫌棄，或許會感受到被拒絕的痛，因為害怕在一段關係中被

拒絕，又不知如何表達自己的愛，所以事事為另一半安排妥當，以為做足一百分便是對另一半最好，這就是問題所在。這類人寫的字大多有這些特點：字寫得很大，看來有些花巧，白紙上的內容雖然不多，但總是讓人感覺霸佔了整張紙，密密麻麻的。就是這些筆跡反映著父母之間的關係如何影響著下一代，所以請不要低估父母的影響力。

理想的另一半　　　1.5

在〈愛是……〉中，我談到對愛有深入研究的發展心理學權威羅伯特・史坦伯格教授主張「愛」是一個故事的說法，既然愛由自己主導，選角當然亦由自己掌管，在不少人的心裡，對於理想的另一半，都有特定的要求與期望。年少的時候，當幾個同學走在一起，總是少不了談談心底話，話題包括學業、工作、家庭，偶爾會談起理想中的另一半，例如：「高大威猛」、「靚仔」、「長髮及肩」、「聰明有智慧」、「有幽默感」、「具吸引力」等諸如此類的特定要求，在你的記憶裡，曾經有這樣的一幕嗎？

早前我在社交媒體上，看到一段兒童博主的生活影片，影

片中的男孩在訪問探訪他的姨姨，他認為姨姨能時常來探望他，必定是沒有另一半，所以特別空閒，姨姨為了消磨時間，每次都會帶上新玩具與他一同玩耍，於是他便勸戒姨姨，她的年紀雖然比媽媽小，但也不輕了，女生終歸需要有個另一半共度餘生，所以姨姨不應該在他身上花時間，要多外出走走，找個高大的「靚仔」，最好是「有些錢」，至少可以令生活自在一些，他也可問問身邊的同學，看看有沒有「筍盤」介紹。相信看著這位不足 10 歲的孩子如此老成的對話，大多數人都停不了笑聲，所謂童言無忌，但其實是孩子從成人口中聽得多，在不知不覺中被潛移默化。

說回羅伯特・史坦伯格教授認為「愛」是一個故事的說法，這個故事究竟是怎麼樣的呢？其實是人與人之間關係的建立，這一切關乎我們與生俱來的性格特質與外在環境的互相影響。簡單來說，每個人的成長背景各有不同，不同的家庭教養，與成長期間遇上的人和事，讓我們在各種人際關係上，有著不一樣的想法，就如上述那位不足 10 歲的兒童博主，對姨姨的「理想另一半」有「高大、樣貌好」與「有些錢」的主觀願望，這正是他在此刻對理想伴侶的要求。

在我處理過的個案中,也曾有年輕人來找我,他告訴我理想伴侶的性格特質,希望我從他帶來的數份女生手稿中,找出符合他要求的人選。經過多次傾談與獨立進行筆跡分析後,我發現這位年輕人理想伴侶的特質,與他的個性並非完全匹配,為何會這樣呢?原來在他的成長過程中,家庭關係非常和諧,父母非常疼愛他,在他眼中,父母十分恩愛,形影不離,更從不吵架,他認為人生的成就,莫過於有一個幸福的家庭,然後生兒育女,於是他希望找到一位擁有父母特質的女生。

看到這位年輕人的故事,大家或許會有點意外,但再細心想想,現實中確實有不少類似的例子。羅伯特・史坦伯格教授認為,因個人背景的影響,很多人對情感關係的建立,早就有自己的想法,然後一直「以為」這就是自己所喜歡且心意相合的,在這個前設下,以為愛情關係「應該」就是這樣的,回到現實,在這些想法的影響下去愛,少不免在尋尋覓覓中經歷跌跌撞撞。

所以與其設想理想的另一半,倒不如先了解自己的性格特質,再去思考另一半應該是怎樣的。那麼,究竟應該找一位與自己性格特質相似的伴侶?還是找一位完全不同,

「一凹一凸」的伴侶呢？

對此我並沒有絕對的答案，不過我認為可以通過筆跡，為自己做出適當的選擇。要從筆跡分析出理想的伴侶，可以看英文字的上、中、下 3 個區域，這 3 個區域基本代表了一個人的喜好與天賦所在，只是這些區域所表達的意思，又豈止於此。回到剛才的問題，理想伴侶究竟是與自己性格相配？還是「一凹一凸」才能互補不足呢？

先說「一凹一凸」的情侶，從筆跡的 3 個區域分析，他們之中一方的字大多是上區域及下區域較大，而另一方的中區域看起來較大，單從筆跡上看，就已經有「一凹一凸」的視覺效果。通常這類情侶對對方都有著如磁石般的吸引力，吸引力來自於思考模式與一言一行，對方可能完全超出你的想像，既讓你驚訝，也帶來新鮮感與浪漫的情懷，因為你從另一半的身上看到了自己不曾擁有的特質，在初相識的日子，對方毫無疑問能帶給你驚喜，你覺得他的任何行為都很可愛，可是經驗告訴我們，找個與自己完全不同的人，日子久了就會感覺二人並不是走在同一道路上，分歧漸生，問題根源在於你對對方的了解有多深？如果早知對方是怎樣的人，那就是你自己的選擇，因為你該清楚

知道，對方與你的想法並不一樣，然而不同的思考與行動模式，卻能給予你思維上的刺激，擴闊你的想法，那未嘗不是一件好事。不過需要注意的是，任何改變另一半行為與想法的意圖，幾乎都是不可能的任務，因為一個人的習慣，會隨著歲月的增長而變得牢固，而這些習慣，尤其是思考模式，在某程度上亦受到了遺傳因素的影響，要改變絕不容易。雖然我們可以通過筆跡練習去改善個人性格特質，不過我可以很肯定地告訴你，我們並不可能完全改變所寫字母 3 個區域的比例，因為區域的比例反映著我們的天賦才能，那是與生俱來的特質，影響著我們的思考與行為，要完全改變並不可能。所以，請不要意圖按自己的標準去改變另一半，要清楚那是你的「你想」伴侶，還是真正的理想伴侶。雖然你們所寫的英文字母在區域比例上並不相同，但在關係上，只有更多的理解與接納，才能走更遠的路。

至於另一類情侶，即雙方性格相似的，所寫英文字母的 3 個區域比例亦會較為相近，如果比例相同，則可以說是對對方瞭如指掌，基本上對方就是你肚子裡的一條蟲，只要一個眼神，他便知道你的想法，然後互相配合，這等默契從來都是不言而喻的，為什麼會這樣呢？因為英文字母 3 個區域的比例反映著一個人的價值觀，相近的價值觀，讓

伴侶二人在愛情路上更懂得互相理解與尊重，能夠讓彼此成長，為長期的關係奠定較穩固的基礎，所以不要看輕這 3 個區域比例的重要性。

本頁和下頁是美國前總統奧巴馬（Barack Obama）夫婦的簽名與手寫信，礙於版權所限，未能收錄第一夫人米歇爾・奧巴馬（Michelle Obama）的手寫字，不過奧巴馬夫人

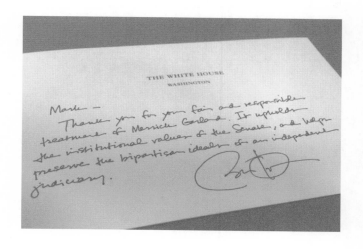

美國前總統奧巴馬的手寫信與簽名

（圖片來源：https://commons.wikimedia.org/wiki/File:US_President_Obama_letter_to_Senator_Mark_Kirk_on_meeting_with_Merrick_Garland.jpg）

米歇爾 · 奧巴馬的簽名
（圖片來源：https://commons.wikimedia.org/wiki/File:Michelle_Obama_signature.svg）

的手寫字與簽名相若，所以以簽名作解說。單看米歇爾 ·
奧巴馬的簽名，可見 3 個區域的比例與奧巴馬所寫的手寫
字較相近，這也說明兩人有著相近的價值觀。

愛人，
先愛己

1.6

我們無法改變原生家庭中，父母對下一代感情關係的影響，事情已經發生了，縱使知道又如何？再說，那是父母之間的事，我們不在其中，無法了解箇中原因，就算知道原因，作為旁人，又能說什麼？更何況在傳統觀念下，父母是長輩，一家之主，長輩之間的事，後輩豈能參與？

這些想法也許是對的，我們無法改變過往所發生的事情，因為往事已實實在在地在過去的時間軸上出現，無人能改寫歷史，只是那無形的往事在下一代身上，仍有著或多或少的影響。不過，已過去的事，還重要嗎？無關痛癢的話又何必掛念，面對將來，我們可以做的是改變自己的態

度，心打開了，自然能向前走得更遠，人生本來就應如此！

關於愛自己這個話題，坊間已有大量書籍討論過，看完一本又一本的大有人在，所謂「說易行難」，隨意說著愛，容易得很，但撫心自問，真的愛嗎？要知道一個人是否真的愛自己，我們可以通過筆跡分析來解答，雖然分析的方法有很多，但大多較難掌握，所以我選擇了英文字母「I」字作為入門版。

英文字母「I」字的筆畫非常簡單，但意義深遠，大楷「I」字上面的一畫代表母親，底部橫畫代表父親，中間垂直的一畫才是自己，為何這樣說？有筆跡分析的古籍曾經記載並解釋「I」字設計的原由：

右圖中似花朵或是葉片的圖案，是較古老的「I」字寫法，其筆畫次序如圖所示，最初的兩筆形成了橄欖的形態，然後筆畫往左走至「橄欖」的中段，然後隨即以一條橫線轉向右，貫穿「橄欖」的中間部分，並向右延伸，形成了傳統的「I」字。

這些筆畫的意義十分重大，先說「橄欖」的形態，這顆

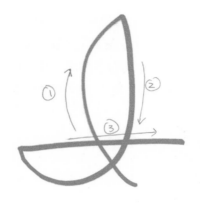

較古老的「I」字寫法

「橄欖」代表著母親，也有說是母親的子宮，在子宮內，即「橄欖」內，住著孩子，這個孩子就是「我」（「I」）。在母親的子宮內，「我」得到滋養，也受到保護，在母親的養育之下，「我」日漸成長，長大以後便由父親帶領著認識外面的世界，所以寫完「橄欖」後，筆畫轉左形成兜狀，這個兜狀部分就像嬰兒手推車，父親將這輛嬰兒手推車向右推，帶「我」認識外面的世界。而兩組筆畫的交疊，在「I」字的中央形成了一個三角形，這個三角形就是真正的「我」！這個「我」由代表母親的「橄欖」與代表父親的「嬰兒車」交疊而成，所以「我」從來都是兩者結合的產物；而組成中間這個「我」的三條線，亦分別代

表了母親、父親與「我」，沒有父母就沒有「我」，所以「我」無法擺脫父母在「我」心中的影響力，無論影響是正面或是負面，又或是好壞參半，事實既是如此，那就必須接受，接受不完美，承認真實的「我」，這才能踏出愛自己的第一步。

那麼，我們應如何面對將來呢？我想大家留意現代「ı」字的寫法：

正如上文所述，「ı」字中間垂直的一筆代表了自己，現代「ı」字中間的部分比頂部及底部長，原因是父親加母親是一加一的結合，因為父母的養育和教導，「我」會成長，有自己的思考能力，所以這一加一的組合產生了協同效應，「我」既然是協同作用下的產物，理應可以做得更

現代的「ı」字寫法

好，更有進步，即使沒有了依靠，也能獨當一面，散發出從內到外的自信，不做「媽寶」及「爸寶」，這才是真正愛自己的表現。

想了解自己，請先看看你所寫的「I」字有著怎樣的形態，例如有人會將「I」寫成數字「1」的模樣，但就算是「1」字又如何？「我」是第一，聽起來也不錯，還有將「I」寫成 2、7、9 等數字的，相信自己的價值永遠大於一，可想而知這個「我」有多愛自己！

我曾多次談到正向書寫這個題目，所謂的正向書寫，是通過筆畫線條上的轉變，去改善一個人的性格特質與行為態度，在一般情況下，需要在專業筆跡分析師的監督下進行。不過要將「I」字由數字形態，改為和練習簿較相近的形態並不困難，有需要的朋友也可一試，不過請記著，切忌心急，因為這不是一時三刻能改變的，在每天都有練習的情況下，大概也要 2 至 3 個月，所以要有一點耐心。

讓你成功出 pool
的筆跡分析技巧

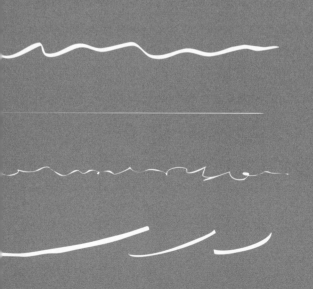

第2章

筆跡情緣 2.1

每到農曆新年，各地都會主辦一些賀年活動，在中國傳統文化之中，寫揮春是其中一項較受歡迎的賀年活動，既能傳承中華文化，也能為社區市民帶來祝福。某年，一個外國社區為傳揚中華文化，在農曆新年期間，舉行了一個以文字書法為主題的街頭寫揮春慈善活動，主辦單位邀請了不同國家的年輕書法家進駐該慈善市集，市集內，書法家會在攤位內貼心地按要求替市民寫下祝福語。

這個為期 3 天的市集活動在週末舉行，加上新年氣氛濃厚，參加的人數比預期多，排隊的人龍也很長，主辦單位原意除了傳揚中華文化外，也希望年輕書法家能藉此互相

交流，不料活動甚受歡迎，書法家們各有各忙，除了早上到市集的那一刻能與附近的同行點個頭，打個招呼，簡單看看貼在攤位上的書法作品外，其餘的時間全在不停地寫，又或者與參加者閒聊，介紹書法特色。

在活動的最後一個下午，近黃昏的時候，人群逐漸散去，年輕書法家們忙於收拾，有的更要趕晚上的飛機，不過大多數還是趕著出席由主辦單位舉行的感謝派對。故事的女主角是其中一位受邀的年輕書法家，當日實在有點疲累，她在派對上走到一個沒太多人的角落靜靜坐下，感受環境的氛圍，同枱的還有數位華裔書法家，大家偶爾互相分享一下這幾天的所見所聞。

閒談之間，女主角發現坐在身旁的男生，正好是她對面的攤主，只是人流太多，她對這位男生沒有太大印象，經過一頓晚飯，加上興趣相投，雙方才加深了認識，在派對完結的一刻，男生輕聲對她說一句：「可否做我的女朋友？」

女主角一臉靦腆，回答道：「你可否先寫一些字給我看？」

男生隨即從袋中拿出筆記簿，撕下一頁寫下：「希望妳可

以做我的女朋友。」

一段情緣，「字」始揭開。

這是一個朋友分享給我的故事，看到從手寫線條牽引而來的緣分，有些朋友或會以為，女主角大概打算先分析這位男生的筆跡，看得一清二楚後才作決定。只是感情從來都是心之感受，不是通過腦袋，左思右想，再作計算分析，然後才選擇交往，或許你會問，只是看看，又不是筆跡分析，有用嗎？

所謂「字如其人」，小時候初學寫字，是有意識地去寫，如何操控筆桿，讓筆尖在紙上遊走，然後用心地一筆一畫去寫，年少的時候，關注的是字寫得是否正確，經過多年的書寫操練，該如何去寫、有多少筆畫，已經不在思考之列，因為書寫已經成為我們無意識的一部分，與我們一同成長。對於一個人的外表，我們可以喜歡或不喜歡，同樣地，我們對於字，無論是否受過書法或筆跡分析的訓練，都會有特定的想法，正如我們常聽到：字寫得很美、很整齊等評價。蘇軾《題魯公帖》說「觀其書，有以得其為人，則君子小人必見於書，是殆不然。」王羲之說：「把

筆抵鋒，肇乎本性。」不同年代的書法名家，早已說過觀字如人的意義，喜歡寫字的人，自然會喜歡看看他人的字，看得舒服便心滿意足，從事筆跡分析的更不用說，看上一眼，至少也有喜歡與否的感覺。

如何打開話題、 *2.2*
投其所好？

從剛才談過的筆跡情緣，我們看到有共同興趣的人走在一
起，自然能談天說地，不用刻意去找話題，就已經可以分
享生活中的趣事，原因很簡單，性格與個人興趣的建立，
源於特定的個人性格特質，喜靜或愛動，就是最簡單的
兩大分類。所以有些朋友，喜歡在工餘參加不同類型的
興趣班，想看看能否在同班同學中遇上潛在的另一半，同
班同學有著相同的興趣，晚一點進課室，或坐在他身旁，
就能認識對方，這似乎零難度，不過這或許是一廂情願的
想法，現實中報讀興趣班的，可能已有另一半，又或是一
雙一對而來，結果還是要看命運安排。再說，同班同學有
的純為學習，有的為了獲得資助，還有的是為了打發時間

或陪朋友而來，如果課堂沉悶，一至兩堂之後大概已經消失，靠所謂「共同興趣」去認識另一半，機會似乎並不多。

為此，甚具慧眼的商家，就為這些尋找伴侶的單身人士，推出各種形式的興趣班，並在簡介上註明為「單身」而設或直接稱其為「單身興趣班」，讓尋找另一半的人依據自己的興趣，在輕鬆又目標明確的環境下，一同來參加活動。參加者不用憂慮如何打開話題，因為課堂大多以體驗形式或日營形式進行，避免了初次見面不知如何是好的尷尬場面。

不過，靠參加興趣班找到理想伴侶，過程中少不了碰碰撞撞，而通過筆跡分析就簡單得多！或者你會想：那豈不是要先取得對方的筆跡？人還未認識，就直接去問，似乎有些唐突，那該如何是好？

的確，在正式進行筆跡分析時，我們通常會要求對方專門寫一篇手稿，因為在專業守則下，所有涉及個人私隱的內容，除非得到當事人同意，否則都不能向第三者透露，所以從筆跡分析潛在的另一半，又似乎很難成事。

從我過往的經驗而言，專業的筆跡分析是一個協助深入了解自己的好工具，對於非專業人士而言，也能通過略為皮毛的認識，改善人與人之間的關係與溝通，所以我特別喜歡推介簡易的筆跡分析方法，既不需要擔心私隱問題，又可以促進互相了解。

以如何打開話題為例，大家可留意英文字母的上、中、下區域的比例，只需簡單看看便可，不需要用間尺去量度，更不用把手稿拿到手，只要當對方坐在你身旁時，睄一眼便能略知一二。再次以下圖為例：

Upper zone (UZ)
上區域

Middle zone (MZ)
中區域

Lower zone (LZ)
下區域

英文字母的 3 個區域

傳統練習簿上的英文字母，3個區域，即上、中、下區域的比例是 1：1：1，這是我們學習寫英文字母的基礎。當我們日漸成長，慢慢脫離了練習簿後，就逐漸在標準比例中加入個人特色，這不外乎兩大原因，其一是遺傳因素的影響，我們生來就有一些不容易被解釋的喜好，例如向前走時所踏出的第一步，究竟是左腳還是右腳；至於另外的一個原因，大抵源自成長期間的經歷，遇過的人和事，潛移默化地影響了我們的想法，然後腦袋就通過指尖所觸控的筆桿，告訴我們自己的與眾不同之處，正因如此，這 3 個部分的比例，正好給予了旁人在溝通上的好提示。

比例最長的部分，就是他的興趣所在。將上區域寫得特別長的人，喜歡思考，也善於思考，一般可以作出長遠的計劃，他們也喜歡拆解問題，尤其喜歡新鮮事物，因為可以滿足他那天生的好奇心；將中區域寫得特別大的人，喜歡活在當下，當前面對的人和事是他們的生活焦點，所以這類人大多喜歡與人溝通，也甚留意生活細節，尤其是自身的裝扮；至於下區域寫得特別長的人，一般不會靜靜地坐下來，喜歡四處走走，「無事也扮忙」是他們的強項，他們大部分都較外向，喜愛運動，也喜歡四出比較貨品價格，此外，安全感對他們來說十分重要，所以他們對要冒

險的玩意不感興趣。

party interests and common
explore and generate options
watch your timing for each
to the assessment.

<u>上區域較長的字</u>

Benefited from Dalian company issue, the management shall carefully utilize
the funding being generated therefrom for the future development of the
Group, In particular on the expansion ~~for~~ program. Of the core
retail business. To cope with the lease expiry of the ~~for~~ Central store
~~of~~ and the downsized Grand Century Place store, the Company will open
three new department stores in the second half of the year 2013, where
One will be at Li Po Chun Chambers in Des Voeux Road Central with
approximately 11,000 sq. ft. right next to the existing Central store; aiming
to provide premium services to the existing Customers. The other one will be
at Percival Street in Causeway Bay with approximately 22,000 sq. ft.
right next to the Lee Theatre and the Lee Gardens which are the

<u>中區域較大的字</u>

The electricity will be sold to CLP Power Hong Kong as part of a feed-in tariff scheme introduced by the government in 2018. The scheme encourages use of renewable energy for domestic and commercial purpos

下區域較長的字

投其所好，
要小心的是……

不少人說，遇上心儀的對象時要主動爭取，尤其是當雙方都意識到對方的存在，仍在曖昧的階段時，可互相關注對方的社交媒體，多以私訊或電話聊天，藉此了解對方多一些，看看思想、興趣和對生活的看法等是否匹配，從而讓兩人的關係更進一步。

不過愛情始終是盲目的，面對能讓自己心動的人，眼裡自然就只會盯著他的好，多一點的親近，更頻繁的噓寒問暖，事事殷勤備至，全出於發自內心那份心如鹿撞的衝動，和早日牽著對方的期待。這種期待的主觀感覺，有時會成為兩性交往上的一個盲點，若對方是需要無時無刻被

關心的人，這一切的行動可說是正確無誤的，不過今時今日，個性獨立的大有人在，這類人傾向於不受限制與束縛，多拒絕依賴，也比較重視個人空間，與人保持一定距離才是最重要的，所以上述呵護備至的行為，便有機會適得其反。

問題是在初相識的時候，又怎會知道對方的性格呢？請先看以下兩篇手稿：

有人喜歡事業型的男生，但溫文爾雅的男生甚受女生歡迎，與溫柔女子的字相似，這類男生所寫的字也較圓潤，中區域較大且清晰，他們很重視生活細節，為人較細心，也懂得說話，只是寫字的力度較輕，在為人處事上並不堅持，很少與人爭拗

<u>字寫得密密麻麻，代表書寫者享受無微不至的關懷。</u>

所寫的字是否清楚易讀，在筆跡分析上，也有一些含義。清楚易讀的字，表示書寫人願意占人直接溝通，期待進一步交流合作，也有易地而處的想法，能關顧到接收信息的人，是否看得輕鬆自在。

<u>字之間的距離適中，頁邊留有空間，代表書寫者需要個人空間。</u>

在第一份手稿中，書寫者將字密密麻麻地寫在紙上；而第二份手稿則寫得整齊，行距適中，頁邊位置留有適當的空間，字與字之間的距離較闊。如果心儀對象所寫的字，如第一份一樣密密麻麻，那無微不至的關懷就來得正好；不過若是第二份的模樣，那就是在告訴你，最好的交往模式，最親近的距離，就是保持距離，給他思考的空間、一些時間，他自會對你感覺良好，太貼身的追求一定會讓他感到透不過氣，然後將你拒於千里，就算雙方曾經有些感覺，只要入侵其私人空間，便會觸發他的自我放棄機制，只可嘆一句：「緣分已盡！」

所以，通過筆跡分析可以知道對方是個需要無時無刻關心的人，還是個需要保持距離和留有個人空間的人。當你在追求對象時，可以投其所好，避開「中伏位」，成功「俘虜」對方。

遇上斤斤計較
的另一半

2.4

遇上斤斤計較的另一半，該如何處理？我曾聽過一個這樣的個案，一對男女交往已有一段時間了，他們打算一同外遊，正好男方需要到外地公幹，於是便提議女方向公司申請放年假，公幹完後便一同旅行，男方更主動安排機票與酒店。兩人順利出發，但飛機到達法國機場時，男方的行李卻不知所終。男方在旅程的最初 3 天需要處理公事，加上航空公司表示行李要在 4 天後才會送到酒店，於是男方便請女方代為購買一些衣物及日用品，更說可以隨便購買，留著單據方便日後向航空公司索取賠償，旅行期間的各項支出，男方也主動先付，女生認為不太好，男方讓她不用擔心，待最後一次過計算，女方不以為意。

旅程完畢後，男方有天突然向女方出示一張信用卡月結單的影印本，並用螢光筆標示著部分項目，他指著某幾個沒有螢光筆標示的項目，說：「這幾餐，是我請你吃的！」而旅程頭 3 天的酒店房間費用是公幹的費用，男方接著說：「也當我請吧！至於其他費用，已經標示著，我們按總數平攤，因為尾數是小數，開支票給我，對你比較方便。」男方說起話來，看似皇恩浩蕩，便宜了女方，但其實費用計算得一清二楚，準確到小數點後兩位，一點也不差。

再說，早前女方替男方購買衣物及日用品的單據早已給了男方，只是男方一直沒有告訴她與航空公司商討的結果。女方問及男方，沒料到男方會回答：「我遺失了行李，已經很慘，那就當是你送給我的吧！」

還有另一個個案，是一對年輕的小情侶，縱然兩人在吃喝玩樂上都注重「性價比」，並以 AA 制消費，在價值觀上似乎沒多大的分歧，不過問題在於，由於是 AA 制，男生在吃飯時會盡量多點一些較貴的食物，也多吃一點，價錢平攤起來，感覺多賺了，這從男生看來合理，不過在女生看來，這個男生是「找著數」，如是者，一次當是沒在

意，兩次看了在心頭，第三次不見也罷！

以上兩對情侶的結果如何？不用多說大家也必定心裡有數，類似的個案相信也聽過不少。AA 制對於個性獨立的人來說，不是一個大問題，但在一段親密的感情關係中，尤其是你預計對方將會是你在未來數十年共同生活的人，問題便來了，這種斤斤計較，甚至從中為自己謀得更大利益的態度，正在告知你，他自己才是最重要的，在保障自身利益的大前提下，他會選擇放棄你的利益，既是如此，走在一起生活又有什麼意義呢？

不過，這種斤斤計較的態度通常不會在初相識時展露，需要一點時間與感情的投入，才能看清楚現實的真相，既然如此，何不通過筆跡分析，看看潛在的另一半是否一個喜歡只看利益、愛佔便宜的人？

通常，這類人對數字的敏感程度特別高，所以在其所寫的英文或中文字上，都應該會看到如數字般的筆畫。不過對數字特別敏感的人，又未必會是喜歡佔人便宜的人，愛佔人便宜的人所寫的字，大多是左右搖擺的，英文字的下區域較中區域及上區域長，而筆跡大多不是太清楚，就是模

模糊糊地混過去，要找到自己的利益，就是他們的人生目標，面對這樣的潛在伴侶，該行動與否？自己想想吧！

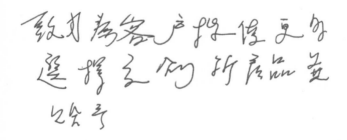

斤斤計較的人的筆跡不太清楚，顯得左右搖擺。

你喜歡的人是
「外貌協會」嗎？

2.5

在網絡盛行的年代，足不出戶也可知天下事，更可廣結朋友，不少交友應用程式應運而生，有研究指出，參與網上交友的人大致認為，網上交友可讓他們更容易找到外表具吸引力及擁有共同興趣的伴侶，但亦有大概 70% 的網友認為，交友對象的網上形象與實際外表存有落差。

在濾鏡之下，網友可在無壓力的情況下，以最理想的「外表」交友。我有一位朋友，他與網友有著共同的話題與興趣，於是想向前邁進一步，約網友會面。但考慮到網上的資料並非完全真實，而他又偶爾在「她」的相片中看到對方的手寫字，因此特意找我，希望分析一下「她」的筆

跡，看看能否看出這個「她」的外表與相片是否相符。收到這個要求，我除了一笑以外，大概只能感謝對方對筆跡分析的重視。

筆跡分析從來都不是水晶球，既不能看到將來，也不能看見一個人的外表。筆跡分析只是從多年累積而來的大數據庫中所提取的技巧，分析人性，對於外表，筆跡分析確實幫不上忙。

曾經有這樣的一個個案，個案主角從事市務公關工作，每天要面對不同客戶，多年以來，已訓練出長袖善舞、經營人際關係之道，並一直為自己的伶牙俐齒而感到自豪。不過人與人之間的相處總有些盲點，主角雖然口才了得，但每每面對自己的女朋友，就變得如盲頭烏蠅一樣，無法理解為何自己總是觸怒女友，他一直懷疑女友是「小氣鬼」一名，於是找來女友的字，想通過筆跡分析查個究竟。

客人的私隱和筆跡當然不會在此直接公開，不過從他女朋友所寫的字，我看到她是一位非常重視自己外表的人。一個人是否重視自己的外表，是可以從筆跡上看到的。一般來說，他們的筆跡和簽名都很大，以英文字來說，應該有

大約 16 毫米，寫中文的話，一個方格肯定容不下，而且字的橫畫比直畫長。即使只是一般書寫，書寫者也喜歡用上不同顏色的筆，因為重視外表的人，也喜歡被身邊的人留意，如果能給他們一點讚賞就更好。不過要注意，如果他所寫的英文細楷「d」字有個大圈圈的話，你還是收起那句讚美吧！因為對他來說，讚美與批評是一線之差，言者無心，聽者有意。不過作為另一半，也該留意伴侶或潛在伴侶，是否有這個模樣的「d」字，有的話，就要多加注意自己的言辭了。

Everything is a lesson,
good or bad, and
I learned form him

<u>重視外貌的人的筆跡</u>

需要儀式感 的伴侶

在某次年輕人的聚會上，有位男生投訴著另一半事事有要求，相信是儀式感使然。對男生來說，這些所謂的儀式感，就是製造吵鬧的藉口，男生生來就想成大事，儀式感這些鎖碎事，根本用不著記在心頭，所以他一直不明白，為何女生要如此執著？聽到這樣的提問，開始有不少男生加入戰團，大致上都認為女友要求儀式感是給自己增添麻煩，看來感同身受的人並不少。但是，如果去問女生，相信不少女生都希望伴侶之間擁有儀式感，因為那是兩人關係的證據。

這樣看來，誠如《男人來自火星，女人來自金星》（*Men*

Are From Mars, Women Are From Venus）一書的作者約翰・格雷（John Gray）博士所言，這大概也是兩性之間的思維差異，正正反映出在一段關係上，兩人在想法上未有共識，以致未能了解對方的真正需要。

儀式感對某些女生來說，可能是在紀念日交換各自寫下的賀卡，在不同的節日收到花，又或者是培養共同的習慣，就如逢星期五晚上一同看電影，星期日早上一起吃點心，對於同一屋簷下的戀人或夫婦來說，可能是早上在出門上班前的擁抱。這讓我想起了友人所分享的一個個案，個案中的丈夫是咖啡愛好者，對咖啡豆與沖泡技巧等甚有研究，從婚後的第一天開始，他便從無間斷地，每天在妻子起床前，為妻子親手沖泡一杯咖啡，喝過後便一同出門上班。如是者沖泡了多年，直至某一天的早上，丈夫覺得自己已經沒有了沖泡這一杯咖啡的衝動。這位丈夫為妻子沖泡咖啡的行為，在外人看來似乎只是一件小事，但其實對丈夫與妻子來說，就是一種儀式，一個帶有愛的儀式，所以在這個儀式終結以後，這對夫婦最終協議分開。

哈佛商學院（Harvard Business School）與北卡羅萊納大學克南・弗拉格勒學院（Kenan-Flagler Business School）曾經對戀

人關係中的儀式感問題進行研究，研究指出所謂的儀式感，是指伴侶之間共同又定期進行的活動，雖然兩人不會明確說明這些活動的目的，但在心中有象徵著兩人關係的意義，這包括了兩人對關係的承諾，與對整段感情關係的滿足感。就如剛才所說的沖咖啡的故事，丈夫沒有再為妻子沖咖啡，停止的並不單是表面上的沖咖啡那麼簡單，背後所暗示的，是愛與承諾就此而終。

所以，與其投訴另一半對儀式感有太多的要求，倒不如暗暗為自己讚賞，因為你的另一半，正給予你多一點愛，也期待兩人的關係有更長遠的發展，所以有儀式感，是幸福的事！既然這個說法成立，下一個問題就在於儀式的多與少，有些朋友怕自己健忘，希望有就足夠，因為太多的話，可能會變成例行公事，既不討好自己，也不能迎合另一半。

想知道伴侶或潛在對象是否有儀式感，可留意他的字會否有這樣的形態：字是長長窄窄的，有傾向於模仿書法的筆畫，斜度非常穩定，頁邊通常留有較闊的空間，典型例子就是英國哈里王子的妻子梅根所寫的字。一般這樣寫字的人，對儀式的要求非常多也十分堅持，所以對這種「儀式感」感到卻步的朋友，戀愛前還請三思。

網戀時代，
寵物情緣

2.7

人生來就是群體性動物，喜歡在家與各地網友交流也很正常。以 18 歲至 25 歲年輕人為主要用戶的交友應用程式 Tinder，在疫情期間，每天往來的短信數量便錄得約 20% 的增幅。美國民調機構皮尤研究中心（Pew Research Center）在 2020 年就「網上交友」發表了研究報告，結果顯示，30% 的美國成年人有參加網上交友活動或使用交友程式的習慣；在 18 至 29 歲的美國年輕人中，48% 的人會透過網絡交友，可見其普遍性。

縱然情況普遍，不少人對網戀始終有所保留，覺得缺乏面對面的交流，不能清楚知道對方的真正身份，網上也有太

多虛假消息，加上媒體對網戀騙案大肆報道，令人或多或少對網戀有負面的印象，不過，也有不少最終開花結果的成功例子。

故事的男女主角透過交友應用程式認識，因為男主角的頭像是一張貓貓的肉球相，女主角因此被吸引，雙方亦因為男主角的兩隻貓而拉近了距離。男主角經常向對方發送可愛的動物照片，從而打開話匣子，希望打造有愛心的形象。而在男主角心中，亦希望另一半是個愛動物的人。最後兩人因為興趣而走近，並發展成情侶關係，期間亦和愛貓經歷了不少事，共患難後見真情，最後更「拉埋天窗」。

一張寵物照片，就此帶來了一段美滿姻緣，寵物在人際關係與個人精神健康上所帶來的影響力，絕對不能忽視，你知道嗎？原來有不少國際學府曾研究過飼養寵物對個人精神健康的影響，其中荷蘭馬斯特里赫特大學（Maastricht University）的研究報告便指出，與寵物互動對我們的精神健康有正面的影響。英國西蘇格蘭大學（University of the West of Scotland）亦曾指出，主人與寵物的互動能減少個人的寂寞感。此外，不少愛寵物的人，都會為自己的寵物拍下生活照與影片，除了記錄下「主子們」的日常外，更

上載到各大社交平台與網民分享。正如肉球情緣的故事，寵物的相片與影片正好吸引著同道中人，除了在網上交流外，更可偶爾相約帶同寵物行山、喝下午茶、舉行寵物生日派對等面對面的交流活動，創造更多加深互相認識的機會。

那麼你心儀的另一半，又是否真正的寵物愛好者？喜愛寵物的人所寫的英文字，中區域或下區域一般比較大，字較圓，也較容易從英文字母如「l」、「g」、「t」中看到較大的環形或圈狀，因為書寫這類字的人較有愛心，他們並不是空口說白話，而是會以實際行動用心地照顧寵物。

說起網戀，讓我記起另一個個案，個案主角是一名已婚男

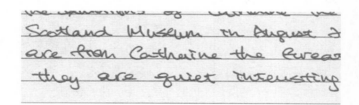

喜愛寵物的人所寫的英文字，字偏向圓形。

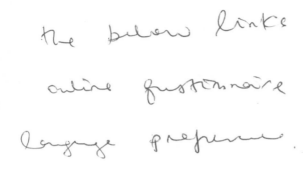

英文字母中常出現較大的環形或圈狀

士，育有一名小朋友，但他卻在交友應用程式上認識了一位單親媽媽，還隱瞞了自己已婚的狀態。

他解釋，他的婚姻是個錯誤，當初因為有了小朋友，雙方不想孩子在單親的環境下長大，所以就結了婚，但兩人的性格不合，因此他就開始以應用程式交友，亦不在意太太知情。而他太太仍然想維持兩人的夫妻關係，所以他並沒有刻意處理兩人的關係，同時開始了新一段的戀情。

男主角平日會抽時間陪女友接送孩子，而因為男主角能接

受女友有小朋友的事實，加上女友並不知道他是已婚，所以女友一直覺得他是個可以託付終身的對象。直到在一次約會中，女友發現男主角有兩部電話，而且不停有訊息彈出，兩人才正面對質，男主角說會向妻子提出離婚，而女友除了失望以外，還對男主角失去信心，因此長期「監控」他的行為。但男主角卻認為女友不明白自己。

感情上的誰是誰非，我們不是局內人，無法知曉，一個人過去的經歷，或多或少對自己的行為有一定程度的影響，從單親媽媽的角度來看，過往的感情經歷或許讓她無法釋懷，面前沒有坦白的另一半，或令她對「不可信」退避三舍，「可信嗎？」是一個要處理的問題，所以她才會以監控的行為來掩蓋那份不安全感，對她而言，「他可以被相信嗎？」應該是一個焦點。

一個人是否值得被信任，其實可以從筆跡看出來，值得被信任的人所寫的字，字字清楚，若簽名與所寫的字相若，更可加分；除此以外，橫向所寫的一行字，通常較直，並在左邊頁邊留有空白，從整張紙上看，最好是呈一條直線，絕不會是彎彎曲曲的，這樣寫字的人可信度頗高。

What kind of inter-company transactions
are there within the group?
There are lots of inter-company transactio
going on. As some companies don't have
Warehouse. So They buy everything from a

<u>可信度較高的人的筆跡</u>

網絡只是一個方便大家互相認識的平台，並不是真正談戀愛的地方，因為虛擬的事物，總有其不確定性和未知之數，成功的網戀關係，要經過慎重的考慮，通過面對面的交往與了解，才能決定進一步的發展，這與一般現實交友模式無異，最終還是要靠雙方的共同付出與努力，要得到下半生的幸福從來都不容易，還須好好珍惜人的相遇、相知與相愛，有說是命運的安排，但其實生命的學習和要如何進步，一切盡在手中，看你如何領悟。

愛情長跑到
細水長流

長相廝守
的秘密

從相識、相戀到結婚，有人選擇「快閃」，有些人無懼歲月的風霜，慢活享受箇中風光，先來個愛情長跑，才宣告雙雙步入教堂。姑勿論你是哪一類，在簽過結婚證書的那刻，才是「共同」的新開始，往後數十年，就要面對這位另一半，直至老死，往後的生活，能否共同面對，不是單靠耐力那麼簡單。

偶爾跟專門處理離婚個案的律師朋友閒聊，談到了離婚的趨勢與情況，無不唏噓，搖頭嘆息。男女雙方拍個婚紗照、舉杯喜慶一下，簽下名字，來得容易，要鬧分手的時候，除了傷痛與憤怒夾雜，婚姻更變成一個令人身心疲憊

的中長跑，尤其是在財產等項目的分配上，有人為了一口氣，爭得你死我活，有人早早已預備好這一天的到來，精心規劃，令人心寒，於是最終結論是建議下一代放棄結婚的想法，因為長相廝守並不容易。

當然，離婚律師每天面對準備離婚的夫妻，看得多了，或多或少對婚姻有不同的想法，不過現實中也有不少攜手到老的例子，究竟他們有何秘訣？

這讓我想到了英女王伊利沙伯二世（Elizabeth II）與丈夫愛丁堡公爵菲臘親王（Prince Philip, Duke of Edinburgh）一段 70 多年的婚姻。英女王早於十多歲便對菲臘親王一見鍾情，只是兩人的交往起初並不被外界看好。原因是當年的菲臘親王擁有希臘王位的繼承權，也參與了海軍的事業，但是為了與當年尚未成為女王的伊利沙伯成婚，菲臘親王放棄了希臘王位的繼承權和事業，入籍成為英國公民。英女王正式登基，菲臘親王還要宣誓效忠為女王的臣民，在那個男尊女卑的年代，對一位男士來說，這樣的婚姻之路並不易走。不過時光飛逝，兩人最終相處了 70 多載，夫婦兩人前後相距不足一年離世。

在英國宣布英女王逝世的時刻，不少人拍到白金漢宮上出現雙彩虹的相片，同日也有民眾拍攝到溫莎堡天空上的一道彩虹，於是有個說法便流傳起來：女王踏上了彩虹橋，丈夫菲臘親王正迎接著，幸福地把她接到彩虹橋的另一端繼續生活。無論是天文現象的巧合，或是民眾的想像力太豐富，這對長相廝守超過 70 年的夫婦，至少在英國國民的心中已經是幸福婚姻的象徵。

那麼這段幸福的婚姻，在 70 多年的日子裡，是如何被維繫的呢？那就先從兩人所簽下的結婚證書說起，右圖是英女王與菲臘親王於婚禮當日簽下的結婚證書。

從這一張結婚證書可以看出，原來當年參與證婚的人並不少。我請大家留意左邊最上方，在間線上英女王與菲臘親王的簽名，先排除簽名墊紙及桌面所造成書寫者在書寫線條時產生了微微的顫動，從那微顫與帶有弧狀曲線和稜角的筆觸，可以看出兩人在簽名的一刻頗為感動與緊張。菲臘親王的簽名微微向上斜，中間細楷字母的底部形成尖角，字母上區域較長，「i」字的那一點呈圓點狀，而字母「p」的圓圈很大，剛好在「Philip」的首尾，看起來就是丈夫在前在後保護著妻子，為妻子遮風擋雨，以智慧精準地

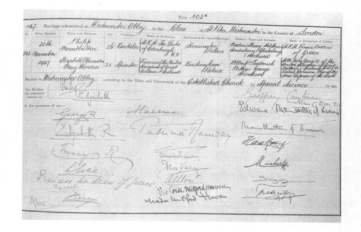

英女王與菲臘親王的結婚證書

（圖片來源：https://upload.wikimedia.org/wikipedia/commons/9/90/Full_marriage_certificate_of_Philip_Mountbatten_and_Elizabeth_Windsor.jpg）

解決問題。

至於英女王的簽名，首字母「E」與後面的一組字母稍有距離，稜角的形狀在「E」字約中間位置出現，而後面的一組字母有較多的相連筆畫，字形長而窄；字母「b」及「t」中屬於上區域的圈，因為字形收窄，筆畫變得緊緊貼著，不過整個上區域還是比較長的，「t」字的橫畫與垂直

那一筆並不相連。這一切表達出了英女王在簽字那一刻的想法，表面上她想給他人所看見的，是她是一個理性的領導者，她重視個人外在形象，同時注重保護日常生活的私隱，而她真實的一面其實比較內斂，也不太懂怎樣去表達自己的情感，對於這段關係，她還是憧憬著新的開始，這個新開始對她來說，可能有點如夢如幻，她也未知前路怎樣走，但仍然心存目標。對婚姻有目標這一點也體現在菲臘親王的簽名上，從簽名中字母「i」的那一點，高度和英女王的相若便可看出。

婚姻當然不會如童話故事般，在教堂拖著手行禮後，就從此過上幸福的生活，現實中，兩人的婚姻並非無風無浪，女方貴為一國之君，男方在背後默默支持，攜手度過 70 多年的漫長歲月。

英國皇室從來都是媒體的焦點，女尊男卑的情況又怎能不泛起輿論的漣漪，在國王佐治六世（George VI）駕崩之後，英女王繼位，夫妻間的問題隨即而來，因為英女王婚後所生的後裔一般會隨夫姓，不過當時的太皇太后，對於後代將跟從菲臘親王的姓氏非常不滿，因此他們聯絡了時任首相邱吉爾，希望他建議英女王頒令，讓後裔的姓氏仍

為「溫莎」，此舉讓菲臘親王不滿，因為全國只有他一人所生的子女不能隨他姓，英女王深明丈夫心意，但礙於尊重太皇太后，不得以才這樣做，這條菲臘親王的心中刺，在太皇太后過世後由英女王親手摘下，英女王在國會宣告，後裔的姓氏將會是自己和菲臘親王姓氏的結合體，即「蒙巴頓—溫莎」（Mountbatten-Windsor），以平衡各方看法。

以上並非單一事件，英女王與菲臘親王以及其他家庭成員之間的矛盾亦不少，但最終都能解決。英女王更多次在對外的演說上，感謝丈夫一直在背後給予她力量及指引。

從兩人所寫的字和經歷來看，婚姻能否經得起風浪和長久，重點在於雙方是否擁有相同的價值觀，包括人生態度、信仰、道德等信念，這些信念影響著一個人的行為，以及人與人之間關係。不過，要找到一個與自己價值觀相近的人並不容易，因為每個人的家庭、文化背景、經歷與人際關係各有不同，這造就了對人與事的不同看法。

價值觀的相近又如何體現在筆跡上呢？我再找來了英女王和菲臘親王後期的簽名解釋：

相比結婚那一刻留下的簽名，菲臘親王後期的簽名曲線比較多，稜角較以前少，就算是名字中間部分的細楷字母，

<u>菲臘親王後期的簽名（作者攝）</u>

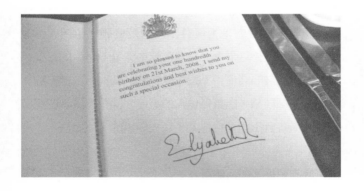

<u>英女王後期的簽名</u>
（圖片來源：https://upload.wikimedia.org/wikipedia/commons/d/dc/Queen_Birthday_Card_2.jpg）

起角的程度亦較之前的弱，究其原因，有兩方面，其一是結婚的那一刻非常緊張，所以寫不了曲線，形成了稜角；其二是在久經皇室的生活和歲月的洗禮後，讓他在面對人情世故上更加熟練。

至於英女王的簽名，「b」及「t」字上區域的圈圈變得較闊，「t」字的橫畫落在直畫之上，這代表她感覺良好，可以坦誠地表達自己的想法，而這些想法也是可行的。

從這兩方面看來，兩人在溝通上，大多是「貼地」的交流，有話便說。至於要分析價值觀，重點在於英文字母的上、中、下3個區域的比例，從兩人的簽名來看，3個區域的比例相若，反映他們的價值觀相近，這是不容置疑的。讀者們或會有這樣的疑問，簽名並不能完全反映出一個人的性格，為何只看英女王與菲臘親王的簽名，便能斷定兩人有相近的價值觀？這個提問很合理，對筆跡分析的理解也正確。事實上，網上有不少英女王與菲臘親王的手寫信件，有興趣的朋友大可到網上找來一看，他們所寫的字與簽名，大致是同一個模樣，只是礙於版權問題，未能在此收錄。

對於和英女王的關係，菲臘親王曾接受媒體訪問，談到婚姻之道，他說最重要的是「包容」。「包容」二字，聽來簡單但絕不容易，大家可到網上找找他們的手寫信件，從他們的筆跡中看看兩人如何身體力行地互相包容。

懂得「包容」的人寫起字來甚有節奏，每個字詞都有橫向延伸的傾向；不但字母比他人寫得更圓，而且弧形的線條較多，看上去呈現出具有彈性的曲線美；另外，從版面上看，字與空白的比例較為平均。

從菲臘親王所寫的筆跡中可見，字母中區域的弧形線條較多，字母之間的連接與字詞之間的排列，也有輕鬆地傾向前的節奏。圓形形態的字母如「a」、「c」等寫得頗圓。類似的筆跡特徵也在英女王的手寫信件中出現，不過英女王所寫的字比菲臘親王的更具曲線與彈性。在版面上，兩人的筆觸均留下了空間感，可見在相處上都有包容之心。

夫妻之間能互相包容，思想與價值觀也較相近，才能有較為一致的想法與處事方式。看看他們所寫的字母，上、中、下 3 個區域的比例與兩人的簽名比例亦相同。這完全說明了兩人從內到外都很相近，所以他們能相知相惜 70

多個年頭。鶼鰈情深，能長相廝守，總是有其原因的。

一念之間，
尋回初心

英女王和菲臘親王相近的價值觀，為兩人攜手度過 70 多年的婚姻奠定下重要的基礎，不過在現實生活中，有很多走在一起的情侶與夫婦，都未必有相近的人生價值取向，但在初相遇的那一刻，面前的另一半往往有著無可抗拒的特質，讓你產生好感，想更深入地了解這個他，也因那無法解釋的吸引力，彷彿兩人相識已久，於是很快便走在一起，熱戀中的情侶當然不會在意問題的出現，只是生活在一起的時間久了，繁瑣的細節才逐漸浮現，這樣的情況非常普遍，要靠雙方磨合著往前走。

這種現象之所以會出現，正是因為兩人的價值觀並非完全

相同。正如上文提及，兩人的字的上、中、下區域比例近似，反映價值觀也相近，相反，若比例不同則代表兩人在思考模式和價值取向上有不同，問題是差距有多大，有方法去「修正」嗎？

「修正」的意思，並不是說刻意改變這 3 個區域的比例，就能讓大家的思想走到相近的軌道，雖然我曾多次談及通過改善筆跡線條，能改變我們性格上的一些特質，不過我可以明確地告訴讀者們，性格特質的形成，源於成長中所遇見的人與事，性格特質在人與事的相互交錯中日漸建立，數數手指，年紀有多大，就有多扎實的基礎，要一時三刻去改變並不容易，俗語有云「本性難移」、「死性不改」，就是這個意思。再說，我們的性格特質，除了受到後天的影響，在很大程度上由遺傳因素所主導，從這個角度而言，似乎就更不可能被改變，而這個因素與字的上、中、下 3 個區域有莫大的關係，因為這 3 個區域，正正反映著一個人的天賦才能，既是天賦，就是與生俱來的，所以要改變這 3 個部分的書寫比例，似乎相當困難。那麼若另一半所寫的字，上、中、下 3 個區域的比例，與自己所寫的有分別，豈不是無力挽救？

與其想著如何去改變另一半，或改變自己的筆跡此等不可能完成的任務，何不退一步，先尋回兩人交往的初心。請先看以下的例子：

戴安娜王妃的筆跡（作者攝）

Secretary of State
PS/PUSS – GM • ST • SM
PS/Nemat Shafik
Mark Lowcock
Sue Owen
Martin Dinham
Comms Division
Special Advisers
Diary Secretary – SoS / GM • ST • SM

for info: Peter York

7th March, 2008

Dear Douglas,

I was so very pleased to receive your letter of 21st February, following up our conversation at Clarence House on 30th January, in which I was delighted to note that several points were already the subject of further work, notably on climate change. I have asked my Rainforest Project team to keep me closely up-dated on their further contacts with your Climate and Environment Group and, like you, hope that this dialogue can continue through regular meetings. I am very encouraged by the real progress the team seems to be making…

I know that the Chief Executives of my various charities are very much looking forward to welcoming you to the offices of my Foundation for the Built Environment in Shoreditch in May and I cannot thank you enough for finding time in your programme to undertake this visit. Conscious of your busy schedule, I have asked the Chief Executives to be as succinct as possible! But I do hope that their presentations will give you a sense of what I have been trying to achieve over all these years and, perhaps, highlight some more areas in which we can work ever more closely with your Department.

It was a great pleasure to see you in January and I much enjoyed our conversation. It was extremely good of you to have written in such a helpful way and I look forward to further discussions with you on future occasions.

Yours most sincerely

Charles

王儲查理斯的筆跡

（圖片來源：https://commons.wikimedia.org/wiki/File:Charles-spider-letter_2008.jpg）

愛情長跑到細水長流

這兩篇手稿是戴安娜王妃（Diana, Princess of Wales）與當時仍為王儲的查理斯（Charles Philip Arthur George）所寫的字，從中可見，戴安娜王妃所寫的字，中區域特別大，大到令上區域與下區域的區分似乎不存在；至於查理斯王儲的那一份手稿則剛好相反，上區域與下區域特別大，中區域就異常細小，這樣看來，兩人共通的價值觀並不多，但為何會走在一起？

這樣的筆跡組合是典型的「一拍即合快閃型」，為何這樣說？字的區域比例除了展示了個人天賦外，也反映著思想行為與態度的表現，一拍即合是因為你面前的那一位與你截然不同，他的想法你不曾擁有，一言一行都出乎意料，所以便有著磁石一樣的吸引力，因為這位另一半永遠讓你感覺新鮮，這就是兩人最初走在一起的原因，所以當年的查理斯王儲與戴安娜交往僅約 6 個月，便向戴安娜求婚。在一次訪問中，戴安娜王妃表示，她與查理斯只見過 13 次面便決定結婚，雙方的吸引力和面對上一代要求結婚的壓力，成就了這段婚姻。

不過，類似的筆跡組合能維持長遠婚姻關係的例子也有很多，價值觀的差異是既定的事實，如何相處與溝通才是重

點。我們每個人生來就是獨立的個體，無法去改變他人的思想，所以唯一可以做到的，就是改變自己的想法與態度。說回初心，就以剛才談過戴安娜王妃與王儲查理斯的手寫字為例，雙方最初能走在一起，正是因為對方帶你進入了從未踏足過的國度，讓你眼界大開，思維也變得豐富，但相處久了，或會認為另一半永遠與你對著幹，你說東她說西，就是溝通不了，摩擦日增。但若回到初心，試著改變自己的想法：他的提議也有他的道理，這是我未曾想到的；再一同坐下，研究研究，互相遷就，也許就會有更好的感覺。人與人之間的相處就是如此，與其各有各執著，倒不如尋回初心，提醒自己，對方的到來是為了幫助你擴闊思維，讓你做得更好，大家願意傾聽對方的意見，坦誠地表達內心的感受，才能一同解決所面對的困難，經營和諧的關係。

相處的
先決條件

除了價值觀，伴侶之間如何相處也是關鍵，因為個性上的差異難以避免，在往後共同生活的日子裡，處理生活中的各項瑣事、家務的安排、孩子的照顧和來自家人與工作的壓力等等並不如想像中簡單 ，處理不好或會構成嚴重的分歧，情況就如荷里活著名影星強尼・戴普（Johnny Depp）狀告前妻安柏・赫德（Amber Heard）誹謗的案件。

這宗誹謗案件源於 2016 年安柏・赫德以家暴為由，申請與強尼・戴普離婚。2018 年，英國《太陽報》報道強尼・戴普毆打妻，被強尼・戴普控告誹謗，同年安柏・赫德在《華盛頓郵報》發表專欄文章，宣稱自己曾是家暴受害

者，並為家暴受害人發聲。此舉觸發了「世紀大戰」——強尼・戴普隨即控告安柏・赫德誹謗，索償 5,000 萬美元，以補償他因為形象受損而喪失的演出機會，而安柏・赫德亦以同一指控狀告強尼・戴普，並要求對方賠償 1 億美元。

強尼・戴普公開了不少他被家暴的照片，包括指尖幾乎被割斷、面部受傷等的照片，舉證自己才是真正的受害者。此外，他更在庭上播出安柏・赫德承認自己無法控制情緒，以至不能保證自己不會動手的錄音。至於安柏・赫德也不遑多讓，她向法庭展示過往被媒體拍攝到的家暴受傷照片，並指自己必須長期使用遮瑕用品，以遮蓋傷患。

不過，由於審訊過程是公開的，有眼尖的網民紛紛指出安柏・赫德所指被家暴的傷痕位置在不同相片中均有分別；她所談及的遮瑕用品，上市日期更是晚於她自述被家暴的日期。因此，雖然當時案件仍未完成審訊，外界綜合證據後大多傾向支持強尼・戴普，對於安柏・赫德被家暴的說法有所保留。

在此，我打算通過筆跡分析的方法，解釋伴侶相處的問

題，不過由於版權限制，未能收錄兩人的手稿，讀者們可在網上找到強尼·戴普與前妻安柏·赫德的手稿對照著閱讀。無論大家看到的是哪一份手稿，只要稍稍一看，必定會發現這個特點：安柏·赫德所寫的字很大，往往佔據了整張紙的空間，至於強尼·戴普的手稿，則疏落有致，所寫的字不及安柏·赫德的大，留白也較多，這正是兩人相處的問題所在。

傾向將整張紙都寫滿的人，比較喜歡事事參與，亦希望得到另一半的重視，有時候或會令人感到煩躁，因為他想知道任何關於你的事，就正如安柏·赫德，她不單將整張紙填滿，更甚的是，有部分字會延伸到下面的一行字，甚至畫花了下一行，這表現出她在兩人關係中的主導地位，對她而言，愛的表現就是以她為尊，要讓她感受到被愛的話，就要事事聽她的指令。同時，筆跡中筆畫延伸到下一行的情況，正隱含著「我喜歡如何就如何」的隨性態度，為這份「愛」帶來更大的不平衡。

若強尼·戴普的字和她的類似則問題不大，因為兩人頂多是偶爾吵鬧的歡喜怨家，一時可以很愛，一時可以罵得你死我活，僅此而已。不過現實中強尼·戴普所寫的字並不

是這樣的，他寫字時留有的空間甚多，行與行之間有清楚的空白，可見強尼‧戴普對私人空間甚有要求，這不單是居住與生活的空間，更是思考的空間，即是說，這個男人最怕煩，因為這會讓他透不過氣來，但偏偏女方就是要不停地佔有他的所有時刻，以這樣的方式相處，若不能互相妥協與包容，只會矛盾、摩擦不斷，是無法解決的死局。

當愛
已成習慣

3.4

某一晚，我在一間酒樓與友人吃晚飯，酒樓位於屋邨內，客人大多是附近的街坊，用膳的有一家大小，也有兩夫婦。剛好我們旁邊是一張兩人桌，一對夫婦正向侍應點菜，在整頓晚飯中，這是我唯一一次聽見女方的聲音。這對夫婦全程沒有任何交流，丈夫手執雜誌，邊吃邊看，妻子也一直在玩手機，這樣的情景，是否似曾相識？

在某個星期日早上，我在中環某大型商場的咖啡店喝咖啡，打發一下時間。坐在我旁邊的是一對夫妻與一個孩子，從外表看來，夫妻兩人應該不多於 40 歲，孩子則看似高小學生。他們都低著頭，從容不迫地吃著自己的早

餐，在我坐下的 45 分鐘內，除了媽媽的一句「阿仔，宜家幾點」之外，我不曾察覺這家人有任何對答，甚至眼神交流。你們或會猜想，這又是手機惹的禍吧！不過我想告訴大家的是，他們都沒有在玩手機，這樣的沉默，看得讓人心疼。

我在想，這是怎樣的相處模式呢？是相對無言，或是早已習慣，彼此心領神會即可？

看到這些沉默寡言的場面，我在想像他們的筆跡會是怎樣的呢？意圖為他們找一個較好的藉口，讓我敏感的心靈得到解脫。一般來說，喜歡靜靜坐著不說話，參與度低的人，在筆跡上字與字、行與行之間的距離會比較闊，原因有二：這一類人比較不愛與人溝通，也較注重保護自己的私隱；其二是自知不是溝通的能手，也怕受到傷害，所以寧願與人保持較遠的距離，為自己多留一點安全感。

這樣的解釋看似合理，不過似乎較適用於一般朋友或同事，用在親子或夫婦關係上略為勉強。再深入想想，其實面對陌生人、朋友或同事，我們反而更容易展開對話，寒暄一番基本上沒有難度，只是回到家裡，面對同住的父

母、另一半甚至孩子，直接的深情對話似乎就來得奢侈。就如我剛才所說的兩家人，在一個小時的相處中，竟異常寧靜。

這讓我想起了張崇基與張崇德的那歌《愛裡重圓》，裡面有一段歌詞很有意思：「曾躺於家中無言望著磚瓦，這裡滿地藩籬未見鮮花，人習慣怨對吵架，從未靜靜對話，熱誠和濃情為何全被僵化？」人生來就有著無盡的習慣，有的人習慣將愛留在心裡，以為最親的人會明白。

以上例子與早前談到安柏・赫德與強尼・戴普的個案，在書寫空間上看會是兩個極端，參與太多，或會令對方厭煩，各自留白太多，又看來冷漠，要取得平衡，靠的是生活中的磨合，並從中學會相處之道，因為伴侶兩人，攜手共度下半生的日子並不短，只有以尊重與包容的心面對這段關係，心存愛，才能迎難而上。

長時間的相處，愛的感覺有減退嗎？

3.5

伴侶之間，最能體現愛意的當然是互相送贈的手寫情書或是在紀念日所寫的賀卡，只是問及相處日子比較長的伴侶，最近一次收到對方的手寫卡或信是什麼時候？他們通常都需要稍長的時間去思考，然後回應：「已是初認識時」或「剛結婚的那段日子」，單是聽到這樣的回應，大概都會聯想到「當愛已成習慣」的現實，當然有些當事人會回應：「現代人少寫字！」另一方面，也有伴侶繼續手寫字的浪漫，這兩類人的分別，不言而喻，就如羅伯特·史坦伯格博士所言，浪漫的情感，是兩人感情的推動力。

除了手寫信件與賀卡這類行為，從信中或卡裡的手寫字，

也能夠看到彼此對對方的重視，從以下生日卡裡的手寫字，大家又能否看到伴侶在書寫者心裡的地位呢？

有看到上款的大小嗎？再看看下款的簽名，上款的「BB」相比下款的「Max」大很多，這是無意的，筆跡線條往往是最真實的情感表達，那是沒法隱藏、由大腦輸出的訊息，在「Max」的心中，「BB」佔有重要的地位，所以他不

生日卡內的手寫字

自覺地將字寫得大一點，在筆跡上，這被稱為帶有情感的筆跡。

同樣帶有情感的字，是我在香港故宮博物館的預展上看到的一幅《乾隆帝行書大行皇后輓詩》，這篇輓詩是在皇后富察氏去世 3 個月後，由乾隆御筆所寫。乾隆選取了用作印刷或抄寫佛經所用的藏經紙書寫，這種紙張特別珍貴，可見乾隆對皇后的珍重之情。

據歷史所載，乾隆皇帝與富察氏年紀相若，兩人早於 15

《乾隆帝行書大行皇后輓詩》（局部，作者攝。）

《乾隆帝行書大行皇后輓詩》（局部，作者攝。）

歲左右就結為夫婦，所以富察氏是乾隆皇帝的結髮原配，
當年的乾隆仍未登上帝位，直至雍正離世，乾隆繼位後，
富察氏才正式被冊封為后。兩人育有兩名兒子及兩名女
兒，可惜兩名兒子均在年幼時因病而先後夭折，在次子夭
折的一年後，鬱鬱寡歡的皇后隨乾隆乘船東巡時感染風
寒，回程途中不幸病逝，年僅 36 歲。

富察氏生於滿洲鑲黃旗官員之家，為人性格恭儉，不喜奢

華。《清史稿・后妃傳》指她「以通草絨花為飾，不御珠翠」，而且熟讀詩書，可說是有才華的名門閨秀。她與乾隆相識於微時，走過 22 載的婚姻，感情深厚，加上富察氏對太后甚有孝心，處理內宮事務井井有條，堪稱六宮典範，因此深得乾隆鍾愛。富察氏病逝後，乾隆十分悲慟，下令國民為皇后服喪，富察氏的衣冠更放在她住過的長春宮達 40 年，好讓乾隆能繼續緬懷往日相處的時光。

乾隆曾因皇后冊文中對皇后一詞的滿文翻譯有誤，將相關官員革職；又因放置祭品的桌面不夠潔淨，遷怒於光祿寺與工部。受富察氏離世波及，而被罰停俸祿與降職的人不計其數，可見富察氏之死對乾隆的精神衝擊甚大，乾隆也為富察氏寫下不少詩篇，以抒發自己沉痛懷念的心情。

我自問不是書法評論家，沒有能力對乾隆的書法作出任何評價，但在我研習筆跡分析的過程中，明白了書寫者的情緒會通過筆畫的線條顯現出來。一般而言，墨水顏色的深淺與寫字速度多有關連，突然減慢速度，很可能代表著書寫者正在思考。在這篇輓詩中，有些地方的筆畫顏色特別深，例如「皇后」、「廿二」、「早亡」等，這些字詞與皇后都有直接的關係，也都是帶著情緒的字。行筆至此，乾

隆減慢書寫的速度，可能是希望多留一刻對皇后的思念。此外，輓詩上以垂直筆畫為重點的字，如「半」、「禕」、「神」等，垂直的一筆特別長，這也暗示了這份情感是發自內心深處的，可見乾隆與皇后鶼鰈情深。

感情的表達除了在中文筆跡的線條形態上出現外，在英文筆跡上也有相同的表現，右頁是一封由美國福特汽車創辦人亨利‧福特（Henry Ford）寫給妻子的情書。

這封信寫於他們結婚後的第二年，內容是一首情詩，亨利‧福特從小就對機械製造產生了興趣，在 15 歲的時候，他更親手研造出了一台引擎用的內燃機，可見他對機械工程的專注與熱愛。從他寫下的手稿可見，英文字的上區域與下區域在整體比例上較長，字母的形態以長而窄的線條為主，字字工整，組織力很強，這樣看來，他是一個頗為理性的人，思考模式以實際為主導，由此看來就是一位典型的不解溫柔的男士。

亨利‧福特於 20 歲出頭時，在一場新年舞會上邂逅了他的妻子克拉拉（Clara Jane Bryant Ford），兩人一見鍾情，克拉拉曾在訪問中告訴記者，她愛上亨利‧福特的原因是他

亨利·福特寫給妻子的情書
（圖片來源：https://commons.wikimedia.org/wiki/File:Henry_Ford_1890_love_poem.jpg）

的才華。從克拉拉的說法加上亨利·福特這封手寫信，可以看出他的才華與能力是不容置疑的，不過工作歸工作，夫妻之間的相處，若只談實際與理性，似乎與同事之間的相處沒有多大的分別，能相處一輩子的同事，似乎少之又少，一句「早晨」再加一句「再見」的同事，就數之不盡。

那麼這對夫妻是如何維繫感情關係的呢？先不談筆跡，單是看一個非常理性的丈夫肯為妻子寫下情詩，就已經是有心思的事情了。

再說，在這封情書中「To Clara」這兩字與其他字相比，有何不同？「Clara」一字是微微向上斜的，收筆的那一畫向上，但仍留在字母的中區域，由此看來，妻子在亨利・福特的心裡有著重要的地位，是他心靈上與生活上的支持，在日常生活中，他將各樣事項都交給妻子，便可以安心無憂地發展自己的事業。

從以上各例子可見，伴侶之間的手寫文書，通過不同的筆觸線條，表達出暗藏於兩人內心的情感，想看看伴侶在你心中的地位？這是一個不錯的方式。

浪漫情懷的遺失與重燃

走在一起日子不短的伴侶，或是已婚多年的夫婦，談到相處間的點滴，或多或少會投訴另一半是如何健忘，他們口中的健忘，並非指日常生活中記憶力的減退，而是多年來的共處，已習慣為人妻為人夫，在平常的日子裡，各自為工作忙碌，假日不是照顧孩子，處理家務，就是一家人聚在一起的家庭樂，另一半只是生活中的其中一個常規，兩人走在一起，不是談家庭瑣事、工作，就是孩子，難得兩人有空坐下來，卻顯得沉默，這究竟是享受個人空間的快樂？或是相對無言？

社會學家對這樣的婚姻關係特別有興趣，因為如何在一段

關係中延續相遇與熱戀時的那團火，是不少人的疑問。在不少的訪問及研究之中，伴侶之間投訴另一半不夠浪漫的情況十分普遍，也有人認為婚姻已成「習慣」，愛似乎已經遺失，這也是其中一個引致離婚的重要原因。曾經有社會科學家追蹤了數對夫婦，看看他們 20 年後對婚姻的滿足度如何？結果當然是正面的，因為婚姻有問題的夫婦，多在結婚的最初兩年便已分開，餘下在 20 年後仍在一起的，滿足感也已減半，他們投訴對方的熱情像是日益被遺忘，浪漫情感不再。

愛的消失並不是沒有原因的，剛才所說的「習慣」，會是其一，走在一起的情侶，相處日久，或會以為自己非常了解另一半，而另一半也應該很明白自己，在這「以為」與「應該」的想法下，導致雙方在生活中並沒有認真地溝通，於是便「覺得」自己清楚對方的想法。但有否想過，兩人在一同生活前，相處只是兩人之間的事，而結了婚以後，便不再是二人世界，而是兩個家族的結合，要面對的事情比想像中要多。加上雙方工作上可能出現的轉變，不同的人與事介入到兩人的生活之中後，便會形成一種無形的力量，少不免影響了個人的想法與態度。生活在轉變之中，人是在無時無刻地成長的，但習慣了「他會明白

的」、「他應該會心領神會的」，在缺乏溝通的情況下，問題便逐漸浮現，導致雙方越走越遠，再想不起曾經有過的浪漫，一些「老夫老妻」更可能出現婚姻危機。

美國前總統克林頓（Bill Clinton）與希拉里（Hillary Clinton）相識並相戀於微時，至今結婚 40 多年，當中曾陷入過婚姻危機。當年仍為美國總統的克林頓與白宮實習生萊溫斯基的一段婚外情引起了軒然大波，也令克林頓被彈劾，最終克林頓與希拉里選擇繼續維持這段婚姻。從下頁兩份手稿可見，克林頓的字下區域的比例特別大，當中有大圈，中區域的字比較扁、闊，看似是呈尖角的直線，而中區域的字母「w」與「h」的底部則像是弧形的曲線，至於上區域的字母，如「d」及「t」則稍微有小圈的狀態。這樣看來，在日常生活中克林頓雖然能客觀地處理日常事務，但其實人與人之間的關係與交流才是他的原動力，也能為他帶來情感上的歸屬感，因為他是一個感性且浪漫的人。

至於希拉里所寫的字，縱然字母下區域的比例較大，但相比克林頓所寫的，長且呈直線的形態較多，就算有圈，也比較窄小。不過其上區域的比例也較克林頓的大，部分呈圈狀，字母與字母之間的連接亦較少，這樣的寫法暗示

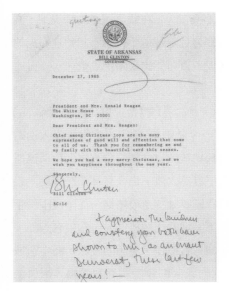

美國前總統克林頓的筆跡

（圖片來源：https://commons.wikimedia.org/wiki/File:12-27-1988_letter_from_Bill_Clinton_to_Ronald_Reagan_-_NARA_-_198418.tif）

了希拉里是一個有理想又很獨立的人，做起事來，實事求是，有遠見並以大局為重，工作的能力不容置疑，但在處理感情上，並不是能手，稱她為「不懂撒嬌的女人」似乎頗為恰當，不過她也並非是一個完全冷漠的人，她對情感的直覺頗強，她很清楚丈夫在情感上的需要，只是她並不善於表達自己的感情。不過，她對家庭的關係是很專一的，看她寫下標點符號的形態，例如感嘆號的一點與上方

的垂直一筆精準地正中相對，便可略知一二。

從這兩篇字來看，兩人對於浪漫情懷與感情的表達，在某程度上是存有一定落差，不過從性格特質中，我們還是可以找到兩人的共通之處：至少克林頓相信，一個家能給他安全感與歸屬，而希拉里重視家庭，想法多以大局為重，夫妻之間若有更深入的溝通，便可走得更長遠。

伴侶之間如何維持長久的浪漫呢？美國明尼蘇達大學（The University of Minnesota）心理學系教授愛倫・伯奇德（Ellen Berscheid）是一位社會心理學家，專門從事人際關係的研究，尤其是愛情關係。她的其中一個研究就是浪漫愛情與婚姻的關係，研究中的受訪者，無論男女，都認為就算眼前的人完全符合自己的要求，但只要沒有感受到那份愛的存在，就不會僅僅因為條件符合而結婚。他們口中所說的愛，是愛倫・伯奇德教授定義「愛」的其中一個層面，即浪漫的愛。而這浪漫的愛，與本書開篇提到古希臘哲學中對「Eros」的定義如出一轍。一段關係，並不是互相喜歡那麼簡單，而是在兩人的心中，出現了心動的感覺，心動不單是走在一起的衝動，更是身體荷爾蒙因此出現的變化，希望有更親密的接觸，絕大多數的男女，認為這種浪漫情感，是建立及維持一段婚姻關係的基礎。

對於這種浪漫情懷，研究人員有進一步的研究：原來我們所說的浪漫，會隨著個人年齡的增長而有不同的定義，「Eros」那種充滿激情與熱情的浪漫，多在婚姻初期或年輕的夫妻中出現；中年以後，面對婚姻與愛情，又有另一種看法，當中的浪漫情感，其實就是在生活中對待伴侶的態度，體現在為對方做出能成全他的事，這樣的付出並不是

因為背負著的責任，更重要的是感受對方所感受的，無條件地支持對方，這才是最浪漫的。這讓我想到了陳奕迅的《無條件》，部分歌詞是這樣的：「仍然緊守於身邊，與你進退也共鳴」、「幸得伴著你我，是窩心的自然」。在漫長的婚姻歲月裡，當你在投訴伴侶不再浪漫的時候，細心回想兩人走過的路，再一起靜靜地往前走，這是一種幸福，也是一種成熟的浪漫情懷，這種由熾熱而變得甘醇的感受，還需細味才能領會。

正如之前所說，浪漫可以是激情，也可以是細水長流的平淡，那麼如何通過筆跡，看出伴侶的想法呢？對感情的表達比較熱情的人，寫字的力度較重，字的形態比較圓潤，若寫的是中文字的話，除了外形扁平以外，也有機會出現梯形的形態。而英文字的上區域與下區域通常有較大的圈，尤其是下區域。這樣寫字的人，特別重視人與人之間緊密的關係，情感豐富，也善於表達自己的感受，愛與惡都一一讓你知道，他們既能表達心中所想，也希望另一半清楚他的心意，並作出適時回應。

危險的
情人關係

第 4 章

感情寄生族：具精神病態特質的情人

關於精神病態人格（Psychopath），我曾在之前的著作《你是誰？我是誰？解讀人心的筆跡秘密》一書內介紹過。簡單來說，這種人生來就沒有感情，也沒有同理心與良知，對責任感，尤其是人與人之間的責任感沒有任何概念。美國精神醫學學會《精神疾病診斷與統計手冊（第 5 版）》將精神病態人格歸類為反社會人格的一種。

這類人無法在人際上建立長期的關係，在愛情關係上來說，就是「Ludus」，即無拘無束、具玩樂性質的愛，這種愛單純是浪漫與激情，並沒有真正的愛情，所以有機會出現兩大情況：其一是極短且混亂的男女關係，例如一夜

情；其二是一段又一段的短暫婚姻關係。不過，請不要誤會這裡所指的「短暫」，有研究報告指出，這類「短暫」的婚姻最長的也有約 19 年。這些「短暫」的婚姻其實也並非風平浪靜，擁有這種人格特質的人，婚內不忠是十分普遍的，只是他們掩飾得好，所以才不容易被發現。

那麼這種短暫的婚姻，會在哪一刻完結呢？嚴格來講，對於具有精神病態人格特質的人來說，一段關係只是一種情感寄生，因為面前的另一半能供應他的所需。不過他們通常只關注眼前所得到的利益，在這些利益消失或減少以後，他們也會隨即轉身離去。有研究指出，對這類人而言，兩人關係的轉捩點通常發生在特定個人背景、生活上的轉變，例如轉職、懷孕、分娩時等等。

個案的女主角 A 小姐是跨國企業的管理層，位高權重，在某個商業合作中認識了男主角 B 君，B 君亦為金融才俊，男未娶，女未嫁，再加上年紀相若，兩人甚為投緣，在多次約會之後，自然地走在一起，成為一對戀人。在交往一段時間後，兩人決定同居，在旁人眼中，這對戀人可說是天造地設的一對，可是在 A 小姐的心中，卻有著未能釋除的疑慮。

女生的直覺往往是最靠譜的，所謂的直覺，其實源於生活日常中，聽到、看到、感受到的細節，一切看似不為意，但對方的一顰一笑，卻完完全全地在無意識之下，在心坎裡留下了印記。在歷經年月後，形成了 A 小姐腦袋內的一個小數據庫，這種直覺數據庫最大的特點，就是偶爾讓你感覺不良好，但說實在的，又沒有什麼大不了，這些心靈上的跌跌撞撞，在兩人相處得風平浪靜的日子裡起不了浪花，更遑論甜蜜的二人世界，陽光正好，兩人被愛情之中衝昏頭腦，變得盲目和麻木，只剩這份直覺在平淡如水的日子裡，為愛情添上了一份不安。

回想兩人相處的時間，從沒有吵架，相敬如賓也愛得甜蜜，但這卻是 A 小姐最大的疑慮，始終兩人來自不同的家庭，大學主修的科目、工作也並不相同，面對生活上的各種事物，有不同的看法與處理的方式是再合理不過的事了。只是雙方毫無矛盾，總不免惹人懷疑，於是 A 小姐訴之於閨密，閨密們只說：「愛你的人，難免會遷就你的一切！」表面上似乎解決了 A 小姐的疑惑，但在 A 小姐的內心深處，那種不能言喻的感覺依然存在。

讓 A 小姐掛心的不止於此，兩人喜歡在假期一同外出走

走，感受生活，行程規劃本應是兩人一同商討的事，但 B 先生對 A 小姐的提議往往會照單全收，更沒有任何其他建議。但到了出門的那一天，充當「柴可夫司機」的 B 先生，卻總會以讓 A 小姐舒服與方便為理由，將原訂路線與規劃完全更改。而在 A 小姐與朋友的飯敘中，B 先生也會突然出現，在 A 小姐朋友的面前，說時間不早了想早些接她回家，沒所謂的 A 小姐亦漸漸接受了這種安排。簡單來說，B 先生對掌控中的所有事，都必定有一個合理不過的理由，讓人無法推搪，如是者，在兩人共同度過了多個年頭後，B 先生的身邊，突然出現了另一位女生。

不明所以被分手的 A 小姐給我交來了兩人的手稿，讓我以筆跡分析兩人的關係，看看能否在性格與溝通上進行協調，好讓雙方能再度走在一起。報告完成後，一臉茫然的 A 小姐走進我辦公室，眼裡看似有點期盼。我先讓她了解兩人的筆跡形態與性格特質的比對，最後才告訴她我的見解。對我來說，這個筆跡分析的結果並不是我常遇見的，最後我還是直接地告知她：分開對你來說是走運，生命從此掌握在自己手中，你應該為自己感到高興。

自問不是玄學家，要說人家走運與否，不是我的範疇，只

是在 A 小姐的個案中，我發現 A 小姐有令人欣賞的良好特質，而兩人關係出現問題的癥結在 B 先生身上。單看 B 先生的字，我就敢肯定他帶有精神病態特質傾向的特徵，在戀愛關係上，既然惹不得，早早離開才是上策。

聽完這「感情寄生族」的解說，A 小姐隨即告知我，兩人分手的時候，她剛好失業半年，因經濟不景氣，加上原先的薪金並不低，所以一直找不到工作。不過 A 小姐依然不明白，在兩人初相識的那段日子，B 先生對感情認真，送花、送禮物，甚至送戒指等等，貼心程度令她感到「從沒有被愛那麼多！」一同走在朋友面前，亦引人羨慕，為何現在 B 先生會變成另一個人似的呢？

這其實也解釋了精神病態者的另一個特質：他們的心思細密，善於在外人面前營造出一個「完美」的形象，這種正面形象，除了讓他得到所需要的關注，也給外人留下深刻的印象，更重要的是，這個無堅不摧的正面形象，掩飾了他們一個又一個的謊話。

這類人所寫的字有哪些特點呢？其實國際上的筆跡學家並沒有正式將這類人的筆跡特色進行歸納，因為他們性格特

質的可變性甚高。不過，印度與英國的筆跡學家注意到這類人所寫的字有以下特點：

按英文字母的上、中、下區域劃分，上區域與下區域比較大，尤其是下區域，下區域通常還會出現較大的圈狀，而中區域就特別小。原因是那較大的下區域，暗示著他們對「想做」與「行動」的衝動頗大，想做就做，也不理會後果，有問題都是後話，之後的事之後再算，而細小的中區域，彷彿讓他有了藏身之處，所以他們總能為自己找到一個合理的藉口。

寫字的斜度欠缺一致性，即是字看起來左搖右擺的，整篇手寫字讓人看得不舒服，所謂態度隨心，字也如此。他們用在不同對象身上的藉口，可以是完全不同的，這就不容易被人識破，要知道掩飾是精神病態人格在愛情關係上最擅長的。

再說，他們所寫的字並不清楚，因為看不清楚，在疑點利益歸於被告的情況下，憑藉他們的三寸不爛之舌，才能說出對象喜歡聽的話。所以遇上寫以上形態字的人，與其愛得麻木，倒不如捫心自問，求真之心不可無。

我的男友是「媽寶」

雖然有說「有媽的孩子像個寶」，但當長大成人後，仍然過分依賴母親就是所謂的「媽寶」。在現實生活中，很多母親都會為兒子規劃人生，小時候控制他們的學業、興趣、交友、飲食，為他們打點生活上所有的雜務，到長大後，甚至連兒子的另一半都要自己挑選。

但「媽寶」的關係是雙向的，除了媽媽是個控制狂，兒子也大多是言聽計從的人，他們在成長中已習慣依賴媽媽。

我曾聽過一個這樣的個案：女主角說她和男友的關係中出現了「第三者」，而這個「第三者」就是男友的母

親。她說男友時時刻刻都會向母親報告行蹤,而且在逛街時,也經常提起母親。母親就像影子一般,經常出現在他們的關係之中。

男友很多生活瑣事都依賴母親為他處理,簡單如信用卡還款、交電話費等等。每月薪金更全數交由母親為他打點,他只向母親領零用錢。更莫說做家務、煮飯、維修家電等技能,因為母親會為他解決任何難題。

而最大的問題是,男友沒法獨立地作任何決定,例如點餐時他都會提起「媽媽不許他吃這類食物」;在逛街時,就算遇到想買的東西,都會先拍下照片詢問母親的意見。

還有一個已到了談婚論嫁階段的情侶個案,男生同樣慣於將每月薪金上繳給母親,再由母親分發零用錢,男生每月都會用盡這筆零用錢,所以對理財從無概念。女生想,婚後若由自己負責家庭財政應該也不是問題,反正自己是讀財務出身,亦在銀行工作,怎料男友對她說:「我的錢一直交給媽媽打理,我什麼都不用煩,反正她每月都會給我零用錢,也幫我儲首期買樓,我從不擔心,我媽有個提議,結婚以後,你的薪金也全交給我媽媽,我們兩口子,

可以繼續用零用錢享受生活，一舉兩得。」聽到這裡，女生開始明白閨密的忠告：「有媽的孩子」不能碰⋯⋯

女生看到這裡，一定覺得很可怕。特別在現代社會中，人人追求獨立自主，如果身邊的另一半是個「媽寶」，在交往時就像在照顧一個「大孩子」一樣，令人身心疲乏。不過這類男生的行為，不單像一名大孩子那麼簡單，美國精神醫學學會《精神疾病診斷與統計手冊（第 5 版）》對於依賴型人格障礙，有著類似的描述：

對自己的判斷沒有信心，存有強烈的自我懷疑，也沒有任何推動力，所以在沒有聽取他人意見的情況下難以作出決定，或獨自開展計劃。在生活中，並無為自己生活負責的想法，因為對自我照顧都感到無助，所有事都必須由其他人安排處理，所以無論安排是否恰當，他們都會表示贊同。心理學家認為，這些依賴型人格的發展源於孩童時期父母的過分溺愛與保護，父母滿足孩子一切所需，沒有讓孩子真正地面對現實，亦沒有給他們學習獨立自主的機會，這漸漸讓孩子形成依賴的心理，父母才是權威，問題在與異性交往，尋求下半生的伴侶時才慢慢浮現出來。

19 世紀末，著名個體心理學（Individual Psychology）學派的創始人阿爾弗雷德・阿德勒（Alfred Adler）在人格研究中指出，童年與家庭教育，將影響一個人的性格發展，日後有關人格障礙的問題也源於此。因為每個人生來就有著不同程度的自卑情結，在家庭的支持和教育、各種關係的建立和生活中各項挑戰的影響下，個體在處理這份自卑感時會有著不同的自我導向，而受到過分保護與溺愛的孩子，則會發展出依賴型人格特徵，即言聽計從的「媽寶」。

而有依賴型人格特徵的人，筆跡上其中一種常見的特點是寫字的力度較輕，看起來無力感較重，即廣東話所說的「hea 住去寫」。此外，字看來較扁平或橫闊，在上、中、下區域的比例上，中區域通常較大。雖然中區域較大，但細心看其實是有大有小，總之就是沒有一個穩定的狀態。至於寫字的斜度，也可能出現兩種不同的形式：一是全往左斜，二是有左有右。這類人不善於亦不喜歡表態，除非會被在他心中佔有重要地位的人認可，才會硬著頭皮作出表示，否則傾向原地踏步。因為一切早已由父母安排妥當，不用思考和計劃，亦無須懷疑，因為媽媽的話永遠是對的，安於現狀才是生活之道。

女生們，看到這些模樣的字，就要問問自己，你內在的想法是怎樣的？家長與教育工作者若看到孩子有這樣的寫字傾向，仍為時未晚。家庭教育影響孩子的未來，你們希望孩子能獨當一面，自主自在地面對將來，還是喜愛被他們所依賴？還須三思而後行。

謊話連篇的
自戀型情人

你可曾遇過謊話連篇又自以為是的情人？本篇個案的女主角與男主角交往已有 3 年多，約會初期，兩人發展迅速，男方甜言蜜語，送花送禮不在話下。早在交往的第一年，雙方家人就已見過面，大時大節時兩人都會參與對方的家庭慶祝活動，融入其中，加上兩人早已同居，所以在外人的眼中，除了沒有一紙婚書以外，他們早已是夫妻一對。在這段關係中，男主角是朋友口中的「愛妻號」，除了管接管送，他還事事以另一半為先，簡單如買一輛車，所選擇的顏色也是女主角喜愛的，吃飯時碰上了朋友，也會告訴對方這是女友喜歡的餐廳，總之就是別人口中的最佳男朋友。

在女主角的眼中，兩人的溝通也是坦誠的，就算男方與女同事出差，又或是公司活動後要送女同事回家，也會一早向女主角報告，所以女主角對這段感情十分安心。

男主角從事管理顧問的工作，之所以會與女主角相識，是因為女主角是他重要客戶的秘書，不過亦因公事的關係，男主角到訪這位重要客戶的辦公室時，要裝作與女主角是一般的工作關係。除了見雙方家人或共同朋友外，他們在工餘時間也一概保持距離，拖手全免，看來合理，但其實暗湧深藏。

兩人相處了3年多，日子不長也不短，只是近期男主角特別注重自己的身形，每晚必到健身室做運動，也笑說女主角發福了不少。其實從這段時間開始，這段關係就有可能如泡沫爆破般終結，但女主角還不以為然。

果然到了某一天，男主角突然向女主角提出分手，原因是兩人的身份懸殊，專業人士與小秘書交往從來都不會登對，況且他亦早已警告過女主角要管理自己的身形，否則與他並不相襯。男主角說完便隨即收拾物品，搬離寓所。

女主角自問只有 48 公斤，小秘書的身份從相識第一天起就是事實，對於分手這件事，她不明所以，只好找向來待她甚好的男友媽媽問個究竟，怎料對方回了一句：因為你有外遇，還趕我兒子回家住。女主角心有不忿，找來閨密傾訴，閨密人際關係甚廣，一查之下，為女主角揭開了男主角一層又一層虛偽的面具。原來，男主角在不同的社交圈裡，有著不同的另一半，她們能方便男主角獲取利益和消息。在某些圈子中，他還是一名單身的「超級筍盤」，既是專業人士，又是高薪暖男。過往他和女主角說要出差或商務應酬、加班工作，實際上是在和不同的伴侶玩樂，究其分手的主要原因，其實是因為他失去了女主角老闆這位大客戶，所以這段關係對他而言已經沒有任何利益或價值了。

關於自戀型人格，我在之前的著作《你是誰？我是誰？解讀人心的筆跡秘密》中亦有提及，簡單來說，這類人認為自己比其他人優秀，是獨一無二的，他們渴望得到他人的讚美，所以特別關注自己的外表裝扮，以吸引外人的注意力。同時，也特別喜歡誇大對自我的評價，認為自己地位特殊，彷彿在這個世界上，只有地位特殊的人才能明白他們的想法。

在人際交往上，這類人習慣將自己視為中心，只關注自己對事情的看法與打算，漠視他人的感受，認為自己的優越與魅力是值得他人讚賞的，所以他們往往要求得到特殊且優越的待遇，為的就是表示他是高人一等的。除此之外，他們也慣於擺出皇恩浩蕩的態度，即是他能待你好，是他紆尊降貴，你應該領情。此外，在稍有付出的同時，他們也現實勢利，常從他人身上榨取利益，並慣於將自己的想法與行為合理化，簡稱謊話連篇。不過對於說謊，他們並不是隨隨便便的，他們非常聰明，大多會將身邊的社交圈子劃分得清清楚楚，在不同的圈子裡，各營造出一種形象，只要不同圈子的人沒有接觸與交流的機會，謊言便不容易被打破。在他們的思維裡，說謊也只是為了自己的利益著想。

從以上的感情瓜葛來看，男主角一直渴求被看成是最佳男友、專業人士、暖男等，不管另一半是誰，能得到關注與讚美就好，只因這是來自他個人的優越感。所以從他的角度來看，讓小秘書成為他的另一半，大概也是對女方的回報，在沒有利益的大前提下，分手是合情合理的事，自戀情人的性格傾向多是如此，他最愛的還是他自己。

究竟我們應該如何發現這類情人，避免自己陷入謊話漩渦之中呢？在筆跡上來說，這類人所寫的字通常頗大，在有間線的筆記簿上寫字，會漠視原有的線條，用 2 至 3 行的空間去寫一個字是再平常不過的。他們也傾向用盡紙上的空間，除了將字寫得較大之外，還會有不少誇張的筆畫線條。另外，他們所寫的英文字母的上區域較長，加上他們習慣以不同藉口掩飾自己，所以所寫的字通常不太清楚，以英文字母「o」為例，他們的「o」字並非一個單純的圓圈，而是藏著一個或數個「異物」，可能是一點或是一圈，或大或小。檢查筆跡要細心留意，觀人也如是。

恐怖的「天使」： 4.4
習慣情緒勒索的
情人

你有沒有遇到過這類情人：在交往初期，他對你無微不至，彷彿就是「天使情人」，所以你們一拍即合，愛得火熱。但在交往中期，當你們開始發生磨擦、爭吵時，即使只是生活上的一些小事，例如你遲了回訊息，或是沒法陪伴對方，對方就開始「奪命連環 call」，要求你之後都按他的要求去做。對這類情人而言，只要對方未能滿足自己的要求，即使是再小的事，都可能覺得自己被拋棄，激烈的情緒隨之爆發，瞬間變為「恐怖情人」。

他們會提出分手，但當真的要分手時，又會力挽狂瀾，甚至可能以自虐來吸引對方的注意，更極端的，可能會以

死威脅，「如果你不要我，我就立即死給你看。」而這些
情緒的轉變可能發生在一天之內，或許早上你們還親密地
向對方說早晨，但到晚上你沒法陪伴對方時，極端的情緒
就立刻爆發。

我曾聽過一個個案，個案主角的另一半天天提出分手，到
最後真的分手時，竟然就開始動手，向主角投擲重物。更
可怕的是，她後來又向事主求饒認錯，態度大轉變。主角
形容對方時好時壞，無法控制自己的情緒，但自己不敢再
提出分手，擔心一提分手，會再次引爆對方的情緒，沒法
收拾，令他陷入難分難捨的局面。

看到這裡，不知有多少人有共鳴，若遇到這類情人，一旦
愛上就很難分手，就算你狠心提出分手，又會被對方威脅
或動之以情地認錯乞求復合，導致你很難與他分開。這種
關係難捨難離卻令人痛心。有想過當中的原因嗎？

美國著名心理治療學家蘇珊・福沃德（Susan Forward）博
士如此解釋這樣的行為：為了轉介自己的負面情緒，
企圖以威脅、利誘等方式，迫使在一段關係中的另一
半，做一些他不想做的事情，讓他陷入一個被情緒勒索的

迷霧之中，看不到面前的方向，也看不清事實的真相，此處的迷霧（FOG），所指的是恐懼（Fear）、責任（Obligation）與罪疚感（Guilt），這是行使情緒勒索的人常用的伎倆。在一段感情關係中，一方清楚了解自己在伴侶心中的地位，而另一方因為想認真對待這段關係，所以在不知不覺間，將對方放在了心裡的一個重要位置，偉大地事事為對方著想，同時也害怕失去。於是，當對方提出無理要求的時候，例如：「如果你下班不到公司接我回家就是不愛我，分手吧！」聽到這樣的要求，另一方感受到分手的壓力與威脅，就算是工作再忙，也情願得失老闆，因為害怕失去愛人所以被迫就範。而在這簡單的行為測試成功後，這類情人會食髓知味，一次又一次以同樣的方式令對方順從，以情緒達致控制的效果，當這樣處理關係的方式變成了一個習慣，被勒索者便會迷失自我價值，在關係中失去安全感，自信心變得越來越低。

那麼，為了避免這樣的情況出現，最好的方法就是在認識對方之初，好好地了解對方，而筆跡分析就是其中一個方法。這類情緒勒索者的筆跡通常有以下特點：字母的下區域較長，也多寫成大圈的形態；字比較往右傾，越是向右，越被「我要你這樣」的情緒所主導，所以非常容易出

現「即刻要做到」的衝動；另外，如果每個字母都是相連著去寫的話，那情緒與要求的表達便像是更具說服力，但只是「像」而已，當他們達到情緒的高峰點，尤其是在口裡說著要生要死，大發雷霆的狀態時，所寫的英文字母「t」的橫畫，就會呈現出幾乎完全處於直筆右方的狀態，只要寫字的力度不太輕，就有很大可能是有情緒勒索者傾向的人。

談到這裡，我又想起荷里活影星安柏・赫德的手寫字。安柏・赫德寫的字非常右傾，字詞上的英文字母大多都是相連在一起的，字母的下區域特別大，字母「y」與「g」的下區域亦呈大圈狀態，同時，筆跡中上一行的筆畫延伸到下一行，侵佔了下一行的空間，這正隱含著她隨心所欲的態度，字母「t」的橫畫也多傾向右方，正好符合了潛在情緒勒索者的特點。

值得一提的是，她所寫的字是典型的表象人格的字，表象人格的英文是 Persona，有「面具」的含義。這類人會特意地通過書寫線條，展示出一個自己渴望的形象，通常是打從她心底裡認可的理想公眾形象，這也是著名分析心理學創始人卡爾・榮格（Carl Jung）所說「原型」（Archetype）

的其中一個類型。一般來說，表象人格者這樣寫字的目的在於隱藏自己的真實性格。也有心理學家指出，當一個人開始相信自己就是被營造出來的形象後，會漸漸失去對原有身份的認同，並繼續扮演著虛假的形象。

過往我在不少的訪談中，談到了英文字母大楷「I」的重要性。「I」的頂部代表書寫人與母親的關係，底部代表與父親的關係，一個人與父母的關係，影響著自己對伴侶的看法。從安柏‧赫德的例子上看，「I」字相比其他字較大，而且底部特別長，並延伸到下面一行的字，甚至畫花了下一行，再加上極度向右傾斜的寫字斜度，表現出她對整個關係的主導地位，愛是以自己為尊，要讓她感受到被愛的話，就是「行或企」都要聽她的指令。為這份「愛」，帶來更大的不平衡。

在認識對方之初，投入熱戀之前，不妨留意對方的字，看看有沒有以上這幾點特徵，有的話，在決定交往之前就要三思了。

強迫型情人 4.5

在「病態情人」中還有一類是強迫型情人，細說之前我同樣想分享一個個案：個案女主角已婚，為人溫文爾雅，做事有條不紊，在公司裡主要負責工作流程管理，她對待工作一絲不苟的態度，可說是絕對的稱職。不過，這也是他丈夫一直抱怨她的地方，丈夫要投訴的，並不是妻子以工作為重沒有處理家務，更不是她偶爾與朋友下班 happy hour 而冷落了他。原來，是因為丈夫認為女主角是個十足的工作狂，慣於在公司管理程序，回到家裡也要和公司一樣有程序，所以他在家裡有太多的規矩要遵守，如同學生一樣被管理。舉個例子，有時丈夫下班後會與朋友喝兩杯，聊得興起遂邀請朋友回家吃飯，準備再暢所欲言，本

以為多加雙筷子沒什麼大問題，況且丈夫已預先叫好了外賣，不會有太大麻煩，怎料妻子卻在他朋友離開後大發雷霆，原因是雖然妻子在家，但也需要先準備一下。為此，妻子又定下規矩：以後邀請朋友回家吃飯，不得少於 2 天前申請。用「又」字的原因，是家中已有各項不同的規矩，例如：各類遙控要放在電視櫃的左下角、啤酒汽水要放在雪櫃裡的第二格、週末活動要早 3 天決定等，此等規定與她管理公司流程的方式並沒有分別，總之，家中沒有自由的空氣，丈夫雖愛妻子，但長時間下去也不是辦法。

還有另一個個案：在妻子的口中，丈夫是一名「緊張大師」，自從孩子出生以後，一切就變得相當規範，她形容丈夫對孩子的一切都是「吹毛求疵」，例如買菜要以有機為主，每天 3 餐必須要計算營養含量，務求讓孩子均衡吸收營養，大人也如是，因為有健康的身體才能有精力照顧孩子，同時，為求健康，外出吃飯可免則免。至於家中娛樂，在孩子的面前要以聽古典樂為主，這樣優雅的氣質才能慢慢從骨子裡透出來。不過孩子既能文，也必須能武，所以每個星期日，一家人要一同外出做運動，可以遠足行山，也可以進行各項球類運動，放鬆筋骨，重點是大人必須以身作則。看到這裡，相信你大概也能明白為何這位妻

子會如此感慨！

其實這類個案的癥結，在於一方追求完美的態度，不過深入想想，這些行為的出發點都是正面的，為的是讓事情完善，並不是想像中的強迫性人格障礙。

想知道伴侶是否一個潛在的完美主義者，透過筆跡分析，也是可以分辨的。一般而言，具有完美主義傾向的人，所寫的字自然也是「無懈可擊」，十分精緻的，所以在書寫的空間使用上，是整整齊齊的，當然並不是說寫字整齊的就是完美主義者，因為這類人所寫的字標準更高，字的斜度、大小與行距等幾乎都是一致的。讀者可以參考哈里王子的妻子梅根所寫的字，在網上有大量她的手稿。從過往國際媒體曾報道她一個月內解僱多名保姆，以及身邊的私人助理紛紛辭職等事件，或許並不難理解她的個性。

面對這類追求完美的情人，該如何自處呢？就以上兩個例子來看，被投訴的一方，原是希望將事情做好，所以在細心考慮之下才做出相關的行為，亦因為他們有著周詳的計劃，所以並不喜歡任何「驚喜」，因為這些「驚喜」正好打亂了他們原先的計劃，或會讓他們手足無措，不知如何

面對，要知道完美主義者把「圓滿」的程度看得很重要，稍有差池，就會令他們產生不安的情緒。所以，從好的一面看，他們盡心盡力將事情做好，是值得讚賞的事，若是如此，為何不直接告訴他們呢？讓對方明白大家都想把事情做好，雙方多了一重信任，問題便容易處理。當你嘗試提出自己的意見，引導對方考慮他未曾想過的事，或許對方就會因此而慢慢作出改變，有誰曉得與完美主義者互相遷就的局面會不會出現呢？

不忠
的痕跡

第5章

不忠的誘惑

在兩性話題上，未婚的朋友較為關注如何找到生命中的另一半，然後雙雙步入教堂，組織幸福的家庭。因為很多人在年紀小的時候，讀過童話故事，在潛移默化下，或會憧憬與心愛的人走在一起，過著無憂無慮的日子，有著美滿而快樂的結局。不過，童話故事始終是一個故事，一個正面而有希望的結局，總比悲慘無望的完結來得要好，因為孩子最簡單、直接，給他們一些正面訊息，就能讓他們以正向樂觀的態度面對生命中可能會遇上的困難，可謂百利而無一害。不過成年人終歸要面對現實，這才叫生活。

根據政府統計處在 2022 年 1 月出版的《1991 至 2020 年香港

的結婚及離婚趨勢》顯示，2020 年，香港的男性及女性首次結婚時的年齡中位數分別為 31.9 歲和 30.4 歲，若以平均壽命約 80 歲計算，在雙雙步入教堂以後，未來還有最少 50 年的日子，路途漫漫，能一同攜手走過不是一件容易的事。

而在離婚方面，2020 年香港每 1000 人中就有約 2.14 人離婚。至於離婚的原因有很多，包括家庭暴力、缺乏承諾、溝通困難及不忠等等。香港公教婚姻輔導會在年報裡會統計每年處理過的婚姻輔導個案，個案之中，溝通困難所佔的比例較大，婚外情為其次，以 2021-2022 年的年報統計數字為例，單是婚外情，已佔個案總數的 32%，在其他年份，也不少於 30%。不過，婚外情並不是男性的專利，因為統計數字亦分別展示了男、女所佔的比率，分別為男方 27% 及女方 5%。美國佛羅里達州立大學（Florida State University）一份有關感情關係上不忠的研究報告指出，在全球 160 個不同文化背景之中，不忠是導致離婚的主要原因，所以在婚姻的問題上，不忠佔有重要席位。

婚姻中的溝通困難比較容易理解，因為夫婦兩人都來自不同的背景，從相識到相戀，是兩人的事，在熱戀的時候，

我的眼中只有你，其他什麼都看不見，就算是看到了，還可大聲地說：「因為愛，我什麼都能包容」。但到了談婚論嫁的階段，婚姻就不再是兩人的事，那是兩個家族的結合，人多了想法自然也多了，有時候順得哥情失嫂意，在日積月累之下，兩人忘了初心，溝通問題自然會出現。

至於不忠這個問題，對不少人來說，在工作上各有各忙時或許不易察覺，但當冷不防偶然遇見對方出軌，方才驚覺3個人的關係有多擁擠。或許不忠的一方會被一次又一次地原諒，但卻再一次又一次地犯錯，那究竟是何故？香港公教婚姻輔導會在 2016 年的年報中指出，對結婚 7 年以下的夫婦而言，溝通是婚姻的主要問題，而 7 年或以上的則是婚外情，難道「七年之癢」是不變的定律？不忠的原因究竟是什麼？有哪些性格特質的人，較容易出軌？我們下篇再談。

出軌的特質　　5.2

剛才提及「七年之癢」的問題，不少人或會認為那是感情
生活的平淡無奇所導致的，外國有研究指出，40 至 45 歲
是離婚高危的一族，以大概在 30 多歲結婚，再加上 7 年
計算，時間正好差不多。不過，據美國一項調查數據顯
示，不忠行為可以發生在任何年齡層，亦因應改善性功能
障礙的治療手段日漸進步，不忠行為在 65 至 90 歲的增幅
加劇，所以年齡與所謂的「七年之癢」，並非不忠的主要
因素。

我從友人口中聽過這樣一個故事：故事的主角是一對情
侶。女方從事金融財經的工作，男方則在市務推廣行業工

作，兩人因工作關係而結緣，很快便走到了一起，共賦同居也差不多 7 年了。因工作需要，男方較常到東南亞地區出差，而女方也多與客戶應酬。雖然各有各忙，但兩人最初總是會珍惜相聚的時間，女方甚至會飛往外地探望正出差的另一半。可是最近幾年受疫情影響，加上男方被公司派駐外地一年，兩人除了經視像對話以外，碰面的機會可說是少之又少。在經濟不景的影響下，男方最終被裁，返回香港後一直未有工作，而在港工作的女方則受到提拔，工作也變得更加忙碌，下班後還要和客戶應酬，於是兩人的關係越走越遠。在某一個晚上，無所事事的男方走在街上，竟然在中環的某個街角，看到女方與一位男士異常親暱，定睛一看，發現原來是她已婚的上司，男方此刻才驚覺，原來女方口中的客戶應酬，一直只是個藉口。

類似的故事相信大家都有聽過，隨著經濟日益發展，不少公司在多地發展業務，創造了更多跨境工作的職位。異地工作與不確定的下班時間，為「不忠」製造了機會，而有些行業社交、應酬特別頻繁，加上從事這類行業的人，一般口才了得，容易吸引異性，至少外國的研究報告是這樣說的：外出公幹的次數與出現不忠行為的幾率是成正比的。所以，不忠的原因複雜，既有「七年之癢」，也有「外

在環境」因素等等。

與其將原因歸咎在無法控制的外在環境，倒不如認真審視一下伴侶之間的關係。有研究與婚姻輔導報告指出，對兩人的關係不滿是不忠的主要原因。此處的「不滿」指的是主觀認為彼此缺乏了愛的感覺，還有對伴侶在相處中冷漠的態度與被忽視的感覺感到不滿，此外，關係中的承諾感與信任度也是重要的因素。

先談「缺乏愛」，曾任耶魯大學（Yale University）心理學及教育學系教授，現為美國康奈爾大學（Cornell University）心理學教授及德國海德堡大學（Heidelberg University）心理學系榮譽教授的美國著名心理學家羅伯特·史坦伯格博士是發展心理學的權威，對人際關係尤其是愛情方面有深入的研究，他提出了「愛情三角理論」（Triangular Theory of Love）。該理論指出，愛情由 3 個因素組成：熱情、親密感及承諾。熱情是指情感上的推動力，這包含了外表的吸引力、浪漫的情感、性關係、自尊感與嫉妒等因素；親密感是指親近、聯繫與分享，這是情感上的互相支持與寄託；至於承諾，指的是責任的存在，不過責任的存在也有短期與長期的區別，短期是「決定」走在一起，是「愛上

對方」的決定,長期則是對往後日子維繫感情關係的承擔。人與人之間的感情,並不一定能在以上 3 個因素都取得平衡,亦正因如此,才產生了不同的戀愛狀態。

所以所謂「愛已消失」的說法,背後可能包含了一連串的導因,人與人相處久了,對於外表的吸引力、浪漫的情懷,或許已習以為常,缺乏新鮮感和驚喜,熱情度、親密感隨著各有各忙的工作、公幹、照顧孩子等瑣事逐漸減退,讓雙方的溝通與深入分享亦日漸減少,最後只剩下承諾。而這就成為了史坦伯格博士所說的「空洞的愛」。

美國著名心理學家羅伯特·史坦伯格博士的「愛情三角理論」

字裡藏姦

在〈出軌的特質〉一篇中，我談到了令伴侶關係生變的兩個重要原因：承諾感與信任度。史坦伯格博士認為，承諾是責任的表現，短期的責任，只要新鮮感一過，便可說對對方只是喜歡、迷戀，但雙方沒有任何一方默許情侶關係，與一般朋友無異，又或是連朋友都不如；至於長期的承諾，便具有承擔責任與信任的意味，因為那是親口說出的承諾，是有意識的表達，作出許諾的人清楚自己在面對兩人關係之時，自己的一舉一動，甚至乎對方的一切，都和自己的承諾有關，所以會表現出互相關心、支持與尊重，並建立彼此間的信任與安全感。

人在認為找到對的人的時候，一般都會認為自己能在下半生遵守承諾，不過隨著時間流逝，日久見人心，承諾可以被遺忘，也可以被破壞，你有想過箇中原因嗎？

2022 年，波蘭華沙紅衣主教大學（Cardinal Stefan Wyszynski University）進行了一個關於年輕人對感情關係與不忠看法的研究，研究人員從 621 位受訪者收集回來的資料中發現，當中大多數人認為承諾限制了個人自由，所以並不認同承諾在感情上的重要性，所謂的感情關係，在於伴侶兩人是否有共同的價值觀、興趣與計劃，情感上的交流才是重點，所以在思想或情感上的出軌，才可以被稱作不忠；而對於肉體上的不忠，大部分受訪者則持開放態度，原因是他們認為同床不一定代表有感情瓜葛。

看過世界另一端新生代對承諾與情感的想法，不禁慨嘆年輕人的想法或許真的和老一輩不同。再看看另一個有約 500 位來自德國、越南、中國、台灣及日本的大學生參與的研究，該研究報告指出，在一段關係之中，責任的公平才是重點。責任是情感、物質與財務上的互相支持，因為有這樣的承擔，才能維持兩人的感情，才有對抗不忠的自我控制能力。至於公平，在於伴侶兩人如何公平地分配家

務工作、子女教養與財務支持，當感情關係中缺少了公平性，關係中的一方或雙方就會企圖從第三者身上獲取，由此看來，我們所談的承諾與忠誠，還是有實際意義的。

從不同地域對承諾與忠誠度的想法來看，伴侶對待忠誠的態度，大抵也如在職場「射波」一樣，承諾與否？不忠與否？都是另一半的事。其實一切的結果，全是個人性格加上外圍環境因素交互所致，了解個人性格特質，才是解決問題之本。

承諾

本篇標題是「字裡藏姦」，代表我們可以通過筆跡線條，找出不忠的痕跡，特別是在承諾感與信任度這兩大範疇上。欠缺承諾感的人寫字力度通常較輕，橫向寫字時，寫出的一行字是彎彎曲曲的；他們的字和簽名大多不太清晰，為何會這樣呢？因為當被質疑時，只有寫得不清不楚，他們才有機會為自己解釋，當然只有你問他們才會解釋，否則只會混水摸魚。他們說話的重點全看當下的心情，以這樣的態度待人，甚至對待自己的所愛，你會相信他能夠給你承諾嗎？處理線條筆畫都已如此聰明，作為他

_tn regimese to the permites hirt simplica vains ~~to~~ meacing have been cleaned, me enclosing from kas prospectacis ~~→~~

欠缺承諾感的人的筆跡（設計圖片）

的伴侶，也該用心想一想，他給了你怎樣的承諾？一旦有不忠的嫌疑，是否又會有無盡的藉口？

至於為何對方會缺乏承諾感，彷彿無論你怎樣待他好，無論你如何努力，都始終沒得到回應？這可能是「童年陰影」所致，所謂的「童年陰影」，並非年少時曾經經歷過多少磨難，而是孩童時期與父母之間相處的點滴。

英國著名發展心理學家約翰‧鮑比（John Bowlby）在 50 年代提出的依附理論（Attachment Theory）正正解釋了在感情關係上欠缺承諾感的問題。早在嬰兒時期，一個人的承諾感就已被訓練，嬰兒時期與父母的互動，包括了哭泣、要求擁抱、微笑等行為，為的是取得父母對自己的關注，與

和自己親近，嬰兒通過這些互動，體驗如何與外人相處與建立關係，並從中獲取那被保護所帶來的安全感。

最初，嬰兒未能分辨出照護者（父母），當慢慢長大，認知到照顧者的存在，孩子的本能反應就是向照顧者表達自己的需求，父母處理孩子需求的方法，將影響他們長大後對「承諾」的態度。當父母對待孩子的要求，表現得時而關心，時而不理睬的話，孩子或會無所適從，不能摸透父母的心意。在這樣的情況下，便會發展成「焦慮型的依附」，在面對人際關係時，這種焦慮感或會持續，例如在處理和伴侶的關係上，會因為無法清楚伴侶的反應，而害怕許下諾言。

還有另一類人會選擇迴避承諾，這也和他們的童年經歷有關。有些父母在處理孩子的要求時，並沒有真正了解孩子的需要，為此孩子除了選擇自強，並沒他法，長期發展下去，這類人在感情上會較獨立，不太願意依靠他人，這包括了他的伴侶。所以這類人時常給伴侶一種頗為冷漠的感覺，在溝通上或會出現問題，甚至很難表達信任，至於承諾，留待伴侶自行實現！

說完了沒有承諾感的人，再來說缺乏可信度的人所寫的字，他們的字一般也是不相伯仲，不過更為複雜，不容易作簡單解釋與理解，所以我換個角度，讓大家先看看可信度較高的人所寫的字，大家可朝著這個方向找出可信的人，排除不忠的對象。

可信的人所寫的字是清清楚楚的，寫字的力度適中，如果簽名的形態與平常所寫的字比較相像的話，更是雙重認證。因為這個人在你面前沒有刻意去隱瞞任何事，既實在又沒有花巧，這就是他的個性。除此以外，他們橫向寫字時，寫出來的一行字通常比較平穩，而左邊的頁邊，通常會留下穩定和垂直的空間。特別可留意英文字母「t」，他們的「t」字的橫畫是穩定的。

相信有朋友會問，如果按著上述特點練習寫字，是否又可以瞞天過海呢？其實，一個人的可信度，是其行為習慣、待人處事，在日積月累下給人的觀感，要一時三刻改變並不容易，雖可以裝作很可信，但總會有被打回原形的時刻。寫字也一樣，因為寫字的習慣一旦建立，便需要一段

時間才能改變，本性難移。信任在兩性關係上是雙向的，通過坦誠的交流，大家才能自由自在地表達自己的感受，並得到尊重，不必擔心被批評。而在兩人互相遷就與扶持下，關係才能穩定發展。

嫉妒

在美國，從事男女擇偶區別研究的著名心理學教授戴維．巴斯（David M. Buss），曾對男女之間的相處進行了不同角度的研究，他認為，在人類進化的過程中，男性重視的是傳宗接代，所以自然地有提升繁殖率的傾向，至於承諾與婚姻，似乎不是男性在演化過程中所必須的，這樣看來，不忠的種子似乎一直存在；至於女性，則生來就是複雜的動物，在擇偶時所考慮的比男性要多，不過最終的目標，還是通過與伴侶的關係，鞏固往後的生活。巴斯教授認為，正因為這個差異，嫉妒這個情緒行為才會在一段感情關係上應運而生。這種情緒往往發生在感情關係中的其中一方，當人或多或少地感受到自己的價值，同時又在感情關係上受到威脅，例如感受到被背叛的危機，為了防止最終真的被背叛，就會出現一系列嫉妒行為。

我記得曾經有客戶對我說：「老師，你說的可信度較高的人的筆跡特點，我大部分都有，倒不如我邀請太太來見你，讓你告知她，我的可信度是很高的！因為無論我做什麼事，她都要我匯報，但無論我怎麼做，她都會挑剔與猜疑，總之，就是給我無盡的壓力！」

於是這位好好先生，又給我帶來了他太太的字，他太太的字是這樣的：字非常斜，有種讓人透不過氣的壓迫感；而在某些不顯眼的筆畫上，原本應該向右傾斜的筆畫，變成了向左傾斜；英文字母的中區域特別大，筆跡雖沒有完全穿透紙張，但寫字力度還是很重的；在開始寫字尤其是下筆的一刻，經常會留下一個微小的圈狀。他太太寫字的特點，代表她明顯就是個天生的醋醰，她事事要知道，要參與，懷疑與不信任是因為自身的不安感。換句話說，在感情關係中的安全感不足，造就了她嫉妒的行為，他太太需要得到的，是丈夫給她的關注感，在沒有獲得足夠的關注時，便會產生想表達「你應該注意我」的行為，例如事事追問。

在生活中，她很依賴丈夫，因為在她的心裡，丈夫的地位非常重要，因為依賴與渴望被關注，才會出現嫉妒的行

為，這與信任度扯不上關係。不過，嫉妒與不信任的想法在親密的情感關係上的確會引起惡性循環，最終破壞兩人的關係，甚至誘發任何一方不忠的行為。所以夫妻之間的相處，貴乎坦誠的溝通與理解，面對面一同了解對方嫉妒的原因，用理性的方式處理雙方的情感，也可計劃一些共同活動，例如參與義務工作，除了促進溝通，更可建立自己的價值，兩人為未來的日子共同努力才是相處之道。

What I do for a living.
Life has been kind to me

具嫉妒心的人所寫的字（設計圖片）

身體出軌

身體與情感上的不忠都會破壞兩人的關係，上篇說了情感不忠者的筆跡特點，你會否更好奇地想知道，能否從筆跡線條上的特徵，找出有身體出軌傾向的人？

我曾不止一次地介紹過，在筆跡分析中，英文字母可被分為上、中、下 3 個區域，而這 3 個區域，其實正好對應著我們的身軀。

早在 50 年代，筆跡分析學界就已結合美國著名心理學家亞伯拉罕‧馬斯洛的需求層次理論（Maslow's Hierarchy of Needs）去解釋個人性格特質背後的原動力。字母的下區

上區域
upper zone

中區域
Middle zone

下區域
lower zone

每個字母可被分為 3 個區域，分別對應著人的頭、身、腳 3 個部分。

域代表需求層次理論中的生理需要（Physiological Needs），即人類生存的基本需求，包括了食物、睡眠、空氣等，性是人的本能，所以也在這一層；而在生理需要的上一層，是安全需求（Safety Needs），即人對自身安全的需求，包括健康與安穩的生活等，書寫者對這方面的需求也藏於字母的下區域內；而需求層次理論中的社交需求（Love and Belongings Needs），即友情、愛情等社交的關係，正如其英文名一樣，談的是愛與歸屬感，這部分主要演繹在字母的中區域。

以上理論對筆跡分析有何幫助？與身體出軌又有何關係

呢？我以英文字母「g」為例，「g」字表達了書寫者的內在個人情感與外在環境的互動關係。練習簿中「g」字的中區域與下區域，除形態不同外，高度與大小是差不多的，其中中區域代表「情」，下區域代表「性」，那是愛與歸屬的表達，有家有情也有性，所以在馬斯洛需求層次理論上，包含了基本的生理需求、安全的需求及社交需求，當中既有愛有歸屬感，有家帶來的安全感，也滿足了肉體上的生理需要，不過當大家留意下圖不同的「g」字形態，就會發現中區域與下區域有不同程度的差異：

圖1的「g」字中區域異常細小，下區域與一般的寫法完

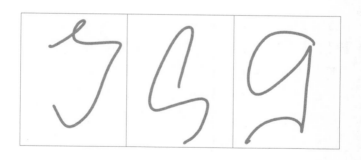

圖1（設計圖片）　　圖2（設計圖片）　　圖3（設計圖片）

全不同，是先逆向右方，然後突然又逆向形成一個差不多90度的角，最後收筆如鉤狀。這類人對於愛情，會先經過思考和計算，才決定是否去愛，以及給予對方多少愛，那暗示了當中沒有真正的愛，因為在他的心裡只愛自己，就算是已與伴侶共同生活，那又如何？同樣可以向外尋求生理上的「愛」，因為在他的心裡，只愛自己，自己想怎樣便怎樣，會有不忠行为的可能性，不言而喻。

圖 2 的「g」字，中區域與練習簿的形態較類近，在比例上較大，而下區域比較短，看似未完成。這樣寫字的人有情才是愛，被愛護和關心比任何事都重要，肉體上的需求不在考慮之列，身體不忠的機會很微。

圖 3 的「g」字，下區域彎曲成弓形，這與一般的書寫方式不同，書寫者選擇用逆向的方式去完成「g」字最後的筆畫；中區域屬正常圈形寫法，暗示書寫者重視身、心的滿足。不過在滿足身體時並不涉及責任感，即書寫者最關心的只有自己，需要愛但不會負上責任，因為他要保護自己，所以不願背負任何人的重量，為此，他可以將身與心的愛完全區分，他有不忠的可能嗎？還是自己想想吧！

出軌後遺症

無論伴侶之間的感情狀態如何？任何一方，在面對不忠這個問題時都不容易，旁人一句：「既然對方不忠，不如灑脫地分開，再上路尋找新的另一半。」看似容易，只是對當事人來說，說易行難。

曾聽過一位專門從事男女關係偵查的人士說，在尋求專業偵查服務的客人之中，有男也有女，所以不忠並不是男方的專利。而外界通常認為不忠的結果就是分手，然而事情往往並非如此，分開只是其中一個選擇，也有不少人希望復合，與對方重新開始。有非正式統計的結果顯示，在女方出軌的個案中，不少男方都傾向復合；至於男方出軌的

個案中，有的女方會選擇原諒，也有的會選擇分開，這樣的結果與外國不少學術研究結果相若。

無論是重修舊好還是分手，都有不少心理包袱要去面對。有心理學研究人員指出，身體不忠的行為會讓伴侶產生嫉妒的情緒，此處所說的嫉妒並不是在一般理解上，看到別人擁有而自己沒有的負面感覺，心理學家從不同的個案研究中，發現了 86 種不同的情緒反應關係，而身體出軌的結果，就是讓產生嫉妒的伴侶，陷入不開心及無法釋懷的情緒。美國有研究指出，當女方有不忠的行為時，這種嫉妒的情緒對男方影響最大，當中不少個案是因為男方一時無法疏導嫉妒的情緒，而有自殺的行為，還可能引發誤殺、謀殺或暴力罪行，令雙方關係陷入不可挽回的局面。至於在女方的身上，那種在感情關係上得不到對等個人價值的感覺，會令她產生不安的嫉妒情緒，最終或會導致其產生自我懷疑、失去安全感，甚至報復的心理。

歸根究底，多年來建立的感情關係與信任就此被摧毀，在那刻失去的並不單單是伴侶，更是個人角色與價值的墮落，回想過往的日子，兩人有共同的生活圈子，也曾在不同的地方留下足印，要瞬間逃離這一切不是一件容易的

事，越是逃避，越容易讓自己陷入孤獨與沮喪的境地，將自己標籤為無價值的人，這是極度危險的事情。

曾聽過這樣一個故事：Jody 與丈夫結婚多年，婚後並無工作，全職照顧丈夫，閒暇時也會上興趣班及參與義務工作打發時間。兩人並無子女，平時相敬如賓，假期經常一同外遊。Jody 的丈夫是國際品牌的買辦，所以商務外遊特別多，在一次公幹回港後，Jody 的丈夫說自己太冒失，遺失了婚戒，自此之後他便一直沒有將婚戒戴上，聽起來合理，但這卻是問題的開端，只是 Jody 一直沒在意。直至 Jody 發現丈夫有第三者、第四者才恍然大悟。縱然丈夫信誓旦旦地表明不會再犯同樣的錯誤，Jody 還是接受不了，一時間情緒跌入深淵，也搬離了和丈夫的家。她的朋友建議她接受心理治療與婚姻輔導服務。治療期間，治療師讓 Jody 到文具店揀選她喜歡的筆記簿與書寫工具，要她找一個安靜且能不受干擾的環境，每天至少用 15 分鐘，完成兩個任務：一是寫下前夫的不是，二是寫下他的好，每日如是。最初，Jody 寫不出前夫的任何好處，但談到不是，就多到寫不完。過了一段時間，情況出現了轉變，讚美前夫的事項開始越寫越多，兩個多月後，Jody 就再沒有寫下投訴前夫的事項了，她更嘗試重回義務工作，最後，決定與前夫重新開始。

其實，在外國有不少通過書寫作心理療癒的成功例子。當人在面對不同的困難與陷入情緒之中時，會很難分清楚自己的想法，因而無法客觀地應對問題，在安靜的環境下，隨著自己內心的想法，面對自己的情緒，有意識地將事情重新梳理與整合，經過日復日的練習，就如洋蔥去皮一樣，慢慢將情緒的影響移去，讓內在小孩說出真心話，療癒面前的自己。

多年前，我曾修讀過一個美國的催眠治療課程，其中有一個練習，是讓我們每天在一本簿上寫下當天的目標。這本簿的版面有特定的設計，雖然對我而言，這只是一本普通的單行簿，但每天打開這本簿時，就會覺得又是新的一天，昨天寫下的，已隨頁面的更改完全抹掉，執筆的那刻，我會重新問自己，究竟該寫下什麼目標，在最初的一個星期，心還在掙扎著，覺得這樣無聊的活動不需要太認真，因為那只是一份功課，但隨著一天又一天過去，在執筆寫字的那刻，用詞開始有些改變，腦袋裡似乎多了一些想法，所寫下的目標似乎越來越清晰且實在，這是我學習筆跡分析之前，從書寫練習所得到的感受。

雖然這些處理情緒的方式，並不屬於筆跡分析的範疇，但

我還記得在上心理學課程時，教授說過的一番話，意思大概是：凡是能協助客戶解決面前問題的方法，就是可行的方法。在我來說，從筆跡分析的角度而言，書寫練習除了有剛才談到的療癒效果外，還能讓人頭腦清晰，精神放鬆。所以，我鼓勵你每天都執一支筆，輕鬆去寫。

筆跡心理學：
兩性關係的秘密

責任編輯　　侯彩琳

書籍設計　　黃詠詩

出　　版　　P. PLUS LIMITED

　　　　　　香港北角英皇道 499 號北角工業大廈 20 樓

　　　　　　20/F., North Point Industrial Building, 499 King's Road,

　　　　　　North Point, Hong Kong

香港發行　　香港聯合書刊物流有限公司 | 香港新界荃灣德士古道 220-248 號 16 樓

印　　刷　　美雅印刷製本有限公司 | 香港九龍觀塘榮業街 6 號 4 樓 A 室

版　　次　　2023 年 7 月香港第一版第一次印刷

規　　格　　32 開（115mm × 188mm）176 面

國際書號　　ISBN 978-962-04-5296-3